Il était une fois
des champignons sauvages…

Guylaine Duval

Il était une fois
des champignons sauvages…

Comment identifier, cueillir et apprêter
les champignons les plus courants

Éditions de Mortagne

Données de catalogage avant publication (Canada)
Duval, Guylaine
Il était une fois des champignons sauvages ...
Comprend des réf. Bibliogr.
ISBN 2-89074-653-4
1. Champignons. 2. Champignons – Ouvrages illustrés. I. Titre.

QK617.D882002   579.6   C2002-941140-8

Édition
Les Éditions de Mortagne
Case postale 116
Boucherville (Québec)
J4B 5E6

Distribution
Tél. : (450) 641-2387
Télec. : (450) 655-6092
Courriel : edm@editiondemortsgne.qc.ca

Dépôt légal
Bibliothèque nationale du Canada
Bibliothèque nationale du Québec
Bibliothèque Nationale de France
3e trimestre 2002

ISBN : 2-89074-653-4

1 2 3 4 5–01–05 04 03 02 02

Imprimé au Canada

Nous reconnaissons l'aide financière du gouvernement du Canada par l'entremise du Programme d'aide au développement de l'industrie de l'édition (PADIÉ) et celle du gouvernement du Québec par l'entremise de la Société de développement des entreprises culturelles (SODEC) pour nos activités d'édition. Gouvernement du Québec – Programme de crédit d'impôt pour l'édition de livres – Gestion SODEC.

Remerciements

Je tiens à remercier le Dr René Pomerleau. Ses ouvrages scientifiques, dont la *Flore des champignons au Québec et régions limitrophes*, ont été d'une aide inestimable dans la rédaction de mon livre. En 1981, le Dr Pomerleau a reçu le prix Marie-Victorin ; il est décédé le 11 octobre 1993.

Dédicace

Parfois, nous prenons le temps de faire de toutes petites choses avec nos enfants.
Ces petites attentions frappent leur imagination, prennent racine, mûrissent et portent fruit.

À Pierrette, ma mère, et à Chloé, ma fille.

À ma fille Chloé

Quand tu étais dans mon ventre,
Je n'ai pas tricoté, pour toi, des petites pantoufles jaunes
Ni crocheté des petites couvertes roses et bleues.
Assise à côté du foyer, avec ma grosse bedaine et toi dedans,
Je faisais des petits champignons en céramique.
Des petites Russules,
Des Chanterelles, des Morilles,
Et des Amanites tue-mouches
Que je mettais dans de tout petits paniers.

Tu avais neuf mois et déjà
Je t'amenais sur mon dos dans la forêt.
Parfois tu t'endormais.
À force de marcher avec toi sur mon dos,
Et de me pencher pour cueillir des Chanterelles et des Bolets,
Je reprenais peu à peu ma taille de jeune fille.

À un an et quelques mois,
Tu me suivais partout.
Pendant que tu t'assoyais au milieu des sentiers
Pour jouer avec des cailloux et des branches,
J'explorais les bois autour de toi.

Aujourd'hui, tu as deux ans
Et tu me suis encore partout.
Maintenant, tu sais ce que je cherche
Et tu t'exclames joyeusement :
« Viens voir, maman, un " tipignon " ! »
Et moi je te réponds :
« Oui, Chloé, c'est une Amanite tue-mouches.
Répète après moi : Aaaa-maa-nii-te tue-mou-ches. »

Table des matières

Préface

C e livre s'adresse à tous ceux qui s'intéressent aux champignons et qui aiment la nature. Ce n'est pas un guide d'identification. Souvent, les gens possèdent un ou plusieurs guides d'identification, mais ils éprouvent quand même de la difficulté à identifier les espèces. Les quelques pages dédiées à l'identification dans les guides sont trop rarement lues. Pourtant, elles sont les plus importantes parce qu'elles expliquent les bases de la mycologie. Ce n'est qu'après avoir saisi ces rudiments qu'on peut démystifier les champignons.

À première vue, tous les champignons se ressemblent. En les observant, on réalise qu'ils ont des différences et des similitudes qui permettent de les classifier et de les regrouper. Je suis toujours étonnée de rencontrer des gens qui cueillent et mangent des champignons sans savoir comment faire une sporée.

Le plus grand problème relié à l'identification des champignons est de prendre une règle qui s'applique à quelques espèces et de la généraliser. Par exemple, déclarer que les champignons dont la peau se pèle sont comestibles. C'est un fait que les champignons de Paris que nous achetons au supermarché se pèlent et qu'ils sont comestibles, mais il est faux de croire que tous les champignons qui se pèlent sont comestibles.

Ce livre tente de vous expliquer les notions de bases de la mycologie afin de profiter pleinement de l'immense plaisir que comporte cette activité sans courir de risques inutiles.

Bonne cueillette et bonne bouffe !

Guylaine Duval

Introduction

Nous habitions au 13, rue Plamondon à Arthabaska. J'étais alors en deuxième ou troisième année à l'école Mgr Milot. Nous devions faire une recherche et j'ai choisi de parler des champignons. C'est un des rares bons souvenirs que j'ai gardé de l'école : aller à la bibliothèque, choisir des livres, lire, organiser la recherche, préparer des illustrations et concevoir la page couverture illustrée. Élaborer un tel travail était pour moi une source de grande satisfaction.

Pour cette recherche sur les champignons, ma mère, qui cueillait ces espèces à l'occasion, m'avait prêté ses livres. Un de ces guides, publié par une maison d'édition européenne et intitulé *Champignons comestibles et vénéneux*, par Marcel Locquin et Bengt Cortin, comprenait plusieurs illustrations et très peu de texte. En le feuilletant, j'admirais les champignons aux couleurs les plus variées : jaune or, vert tendre, rouge, orange, rose, bleu, violet... Les champignons épousaient également des formes multiples qui ressemblaient à des parasols, des trompettes, des coraux, des coupes et des étoiles. Quelques étranges champignons étaient dotés d'un long tube blanchâtre qui sortait de ce qui ressemblait à un œuf et dont l'extrémité verdâtre et gluante était couverte de mouches et d'insectes. Tout cela m'impressionnait, me fascinait, m'apeurait.

Au moment de préparer les dessins, ma mère m'a donné un coup de main ; peut-être avais-je de la difficulté à dessiner ou peut-être avait-elle juste envie de créer de jolis champignons... Avec ma boîte de 48 beaux crayons Prismacolor, tous placés en ordre de couleur, commençant par le plus pâle et se terminant par le noir, le doré et l'argent, elle me dessinait des champignons qui étaient de toute beauté. Mon préféré : le Cortinaire violet (voir illustration dans la section couleur). Quand je ferme les yeux, je le revois, en haut de la feuille lignée : coloré en violet, décoré de brindilles et de feuilles à la base, pareil à celui que j'ai vu dans le livre de ma mère. Je dirais même qu'il était plus beau parce que c'était ma mère qui l'avait dessiné. J'aurais tant voulu dessiner comme elle !

Est-ce ainsi que naît une passion chez un enfant ? Je ressentais un mélange de peur et d'admiration face aux champignons parce que ces « plantes » étranges que ma mère et mon père rapportaient à la maison, lors de leurs cueillettes, hantaient mon imagination. Chaque fois que la table basse du salon était couverte de champignons, je craignais le pire pour toute la famille. Dire que ma mère parvenait même à nous les faire manger ! En fait, je me souviens des soupes délicieuses aux Coprins chevelus et des Mousserons sautés au beurre qu'elle nous préparait. Je dois admettre que ma mère était une excellente cuisinière. Je me souviens aussi d'avoir cueilli des Coprins chevelus en me rendant à l'école un certain matin d'automne. J'ai osé demander à mon professeur de les garder au frais pour que je puisse les rapporter à la maison en fin de journée. D'un air dégoûté, elle a marmonné : «Hum… oui. Ça se mange, ces affaires-là ?» Eh oui ! Madame, ça se mange ces affaires-là, et c'est même très bon. En voulez-vous quelques-uns pour y goûter ?

Voici donc la suite de ma recherche sur les champignons. Ma mère n'est plus là pour m'aider, car elle est décédée des suites d'un cancer, mais j'ai hérité de ses livres sur les champignons, de sa curiosité ainsi que de ses talents de cuisinière et de dessinatrice. Ma fille Chloé, 6 ans, fréquente l'école cette année. Par un beau matin d'octobre, nous avons fait l'école buissonnière. Le lendemain, elle a raconté à Mme Marie, son professeur, qu'elle avait cueilli des Bolets et des Pleurotes avec sa maman. Les temps ont changé puisque son professeur était curieux et voulait en connaître davantage sur les champignons afin de le partager avec ses élèves. Ma fille était tellement fière quand, à la demande de Mme Marie, je suis allée rencontrer les élèves de sa classe. Oui, parfois on fait de petites choses qui semblent anodines avec nos enfants, mais qui sait ce que l'on sème dans leur esprit ?

L'ABC des champignons

Exercice pratique

Avant de plonger dans le livre, je vous propose un petit exercice très simple. Comment décririez-vous la Chanterelle ? C'est un champignon en forme d'entonnoir de couleur orange, qui pousse dans la forêt. Mais encore ? Lisez attentivement la description suivante de la Chanterelle et attardez-vous sur la signification de chaque mot et de chaque expression. À la fois plus précise et plus complexe, la description suivante illustre bien la Chanterelle ciboire :

Chapeau : 2 à 12 cm, convexe, convexe étalé, puis étalé et plus ou moins déprimé à la fin, à marge incurvée, puis droite et étalée, plus ou moins ondulée, lobée ou crénelée, lisse, glabre, mat, jaune d'œuf, jaune beurre, ou plus pâle, rarement blanc, à chair épaisse, ferme, jaunâtre ou blanchâtre, à odeur agréable d'orange, à saveur douce ou légèrement poivrée.

Hyménium : à plis lamelliformes décurrents, étroits, serrés, ou subespacés, ramifiés, jaune vif ou jaune orangé, obtus ou assez épais à l'arête.

Pied : 3-8 x 0,5-1,5 cm, égal ou aminci vers la base, plein, ferme, glabre, lisse, concolore au chapeau, ou un peu plus pâle.

Spore : Jaune ou ocrée pâle.

« Cosmopolite, excellent comestible, il croît communément, parfois en grande abondance, et forme des touffes denses au sud du Québec, dans les bois mêlés et de conifères, plus rarement dans les bois de feuillus purs, à l'orée des bois, dans les anciens pâturages envahis de conifères, en été et au début de l'automne. » (*Flore des champignons au Québec et régions limitrophes*)

Combien de termes sont clairs ? Combien sont incompris ou vagues dans votre esprit ? À quoi ressemble un champignon « déprimé à la fin » ? Qu'est-ce que l'hyménium et les plis lamelliformes ? Pour réussir à identifier un champignon, vous devez comprendre les termes qui le décrivent. Cette première partie du livre s'intéresse au vocabulaire relatif aux champignons. Je me suis penchée plus particulièrement sur les mots qui sont les plus souvent incompris des débutants et même des plus expérimentés. Je dois admettre que j'ai appris et clarifié plusieurs termes de vocabulaire au cours de cet exercice. Avec de la pratique, vous pourrez bientôt lire une définition de champignon sans avoir recours à un dictionnaire.

Vocabulaire de la morphologie des champignons

Il existe des termes pour décrire toutes les parties du champignon.

Carpophore : Ce que l'on appelle communément le champignon. (Illustration 2 a.)

Mycélium : Partie souterraine du champignon qui se nourrit de matière organique. Le mycélium est souvent microscopique. C'est à partir du mycélium que se forme le carpophore. Le carpophore, de manière imagée, serait le fruit du mycélium puisqu'il sert à produire la semence (les spores) du champignon (Illustration 1 j.).

Chapeau : Partie du champignon qui soutient et protège l'hyménium.

Pileus : Mot latin qui signifie « chapeau ». (Illustration 1 c.)

Cuticule : Peau qui recouvre le chapeau du champignon. Il faut vérifier si elle se pèle ou non. (Illustration 1 a.)

Verrue : Décoration du chapeau. Les verrues sont souvent des restes de la volve. (Illustration 1 e.)

Marge : Pourtour du chapeau. (Illustration 1 f.)

Chair : Partie intérieure du chapeau ou du pied. Elle peut avoir différentes textures qu'il faut noter lors de l'identification. (Illustration 1 c.)

Latex : Liquide blanc ou coloré qui s'échappe de la chair de certains champignons (comme les Lactaires) lorsqu'on les casse. (Illustration 2 b.)

Lamelles : Feuillets parcourant le dessous du chapeau de certains champignons. (Illustration 1 b.)

Pore : Orifice des tubes. (Illustration 2 f.)

Arête : Rebord des lamelles. (Illustration 2 f.)

Hyménium : Surface fertile des champignons qui comprend les plis, les tubes, les lamelles et les aiguillons. (Illustration 2 d.)

Vocabulaire de la morphologie des champignons (suite)

Pied : Partie qui supporte le chapeau et le soulève de terre. (Illustration 1 h.)

Stipe : Synonyme de pied.

Stipité : Champignon pourvu d'un pied. (Illustration 1 h.)

Voile : Membrane qui recouvre les lamelles ou les tubes de certaines espèces lorsqu'elles sont jeunes. Cette membrane est fragile et parfois fugace. Attachée au pied et à la marge, elle se déchire quand le chapeau s'ouvre. Parfois, cette membrane reste attachée au pied et il arrive aussi qu'elle laisse une frange sur le bord du chapeau. (Illustration 1 g.)

Cortine : Membrane filamenteuse qui recouvre les lamelles chez les jeunes spécimens comme chez les Cortinaires et quelques autres espèces.

Volve : Membrane qui, chez certaines espèces, englobe le champignon lorsqu'il est jeune. À mesure que le champignon grandit, elle se brise, laissant une partie dans le sol et d'autres sur le chapeau (verrues). (Illustration 1 i.)

Péridium : Enveloppe extérieure de certains champignons. (Illustration 2 c.)

Glèbe : Tissu fertile qui se trouve à l'intérieur du péridium. (Illustration 2 c.)

Mycorhize : Association symbiotique. (Illustration 2 e.)

Symbiose : Association de deux organismes qui est avantageuse pour les deux. (Illustration 2 e.)

Spores : Semence microscopique produite par la surface fertile du champignon.

Pli : Surface fertile du champignon, légèrement ou fortement ridée (spécifique aux Chanterelles).

Aiguillon : Surface fertile du champignon qui se caractérise par des dents plus ou moins grosses (spécifique aux Hydnes).

Tube : Chez les Bolets et les Polypores, structure à l'intérieur de laquelle les spores sont produites.

Illustration 1

La morphologie du champignon

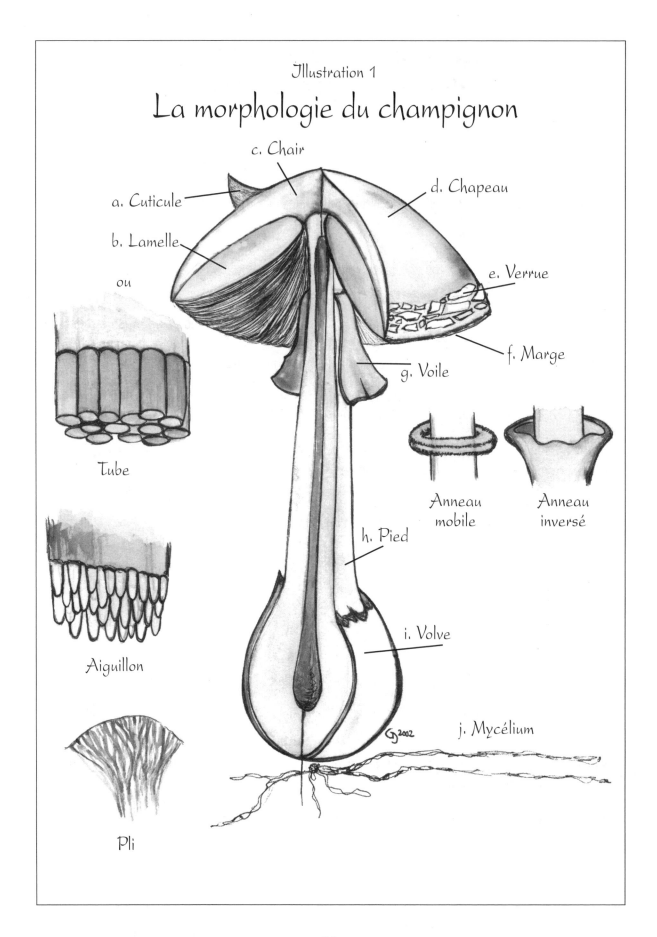

a. Cuticule
b. Lamelle
ou
c. Chair
d. Chapeau
e. Verrue
f. Marge
g. Voile
h. Pied
i. Volve
j. Mycélium

Tube

Aiguillon

Pli

Anneau mobile

Anneau inversé

Illustration 2

La morphologie du champignon (suite)

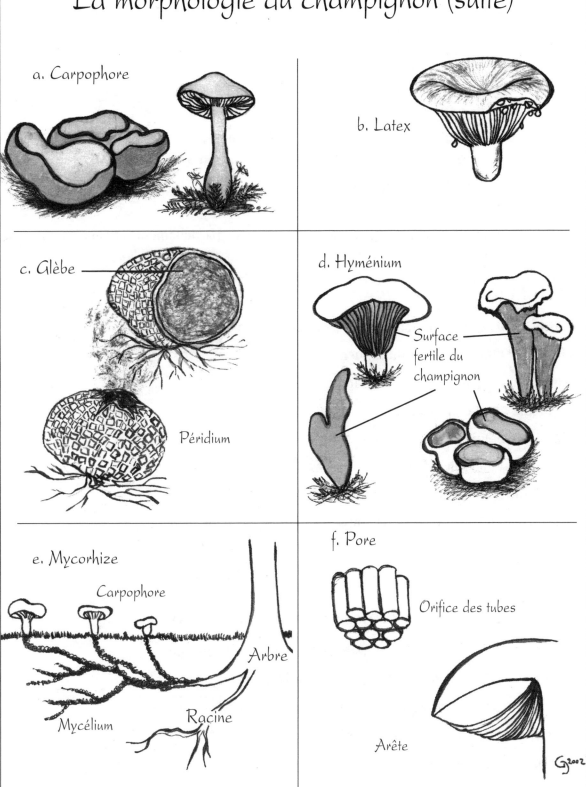

a. Carpophore

b. Latex

c. Glèbe

Péridium

d. Hyménium

Surface fertile du champignon

e. Mycorhize

Carpophore

Arbre

Mycélium

Racine

f. Pore

Orifice des tubes

Arête

Le mode et le lieu de croissance

Le mode de croissance

Isolé : Se dit d'un champignon dont on retrouve un exemplaire unique dans son lieu de croissance. (Illustration 3 a.)

Grégaire ou en troupe : Se dit d'un champignon qui pousse en groupes plus ou moins nombreux. (Illustration 3 b.)

Cespiteux : Se dit d'un champignon croissant en groupes serrés et dont les pieds sont soudés à la base. Synonyme : conné, fasciculé. (Illustration 3 c.)

Flabelliforme : Se dit d'un champignon en forme d'éventail dont le pied est sur le côté. (Illustration 3 d.)

Imbriqués : Se dit de champignons qui se recouvrent partiellement les uns les autres. (Illustration 3 e.)

Le lieu de croissance

Cosmopolite : Que l'on retrouve un peu partout dans le monde.

Fimicole : Qui pousse sur du fumier.

Saprophyte : Qui se nourrit de matières organiques.

Lignicole : Qui croît sur le bois.

Humicole : Qui croît sur l'humus.

Terricole : Qui croît au sol.

Muscicole : Qui croît dans la mousse.

Praticole : Qui croît dans les champs, les prairies, les lieux ouverts.

Sylvestre : Qui croît dans la forêt.

Épiphylle : Qui croît sur ou parmi les feuilles.

Types de forêts où croissent les champignons

Décidu : Se dit d'un arbre dont les feuilles tombent à l'automne.

Mélézien : Peuplement forestier dominé par le mélèze.

Pinède : Peuplement forestier dominé par le pin.

Pessière : Peuplement forestier dominé par des espèces d'épinette.

Saulaie : Peuplement forestier composé de saules arbustifs.

Illustration 3

Le mode de croissance

b. Grégaire, en troupe
Ex. : Amanite tue-mouches

Volvaire
soyeuse

a. Isolé
Ex. : Cortinaire violet

d. Flabelliforme,
en éventail
Ex. : Pleurote
forme stipitée

c. Cespiteux, en touffe
Ex. : Armillaire couleur
de miel

e. Imbriqué
Ex. : Pleurote forme sessile

Le chapeau

Le chapeau est le premier élément du champignon que nous remarquons. En plus de protéger l'hyménium (les lamelles, les tubes, les plis et les aiguillons) et de lui servir de support, il compte plusieurs éléments importants à l'identification du champignon. On doit observer sa forme générale (Illustration 4), ses couleurs et ses décorations (Illustration 5). Il est important de comprendre que la forme et la couleur du chapeau peuvent changer à mesure que le champignon devient mature. Souvenez-vous de la description de la Chanterelle dont le chapeau est « convexe, convexe étalé, puis étalé et plus ou moins déprimé à la fin ».

L'évolution du chapeau

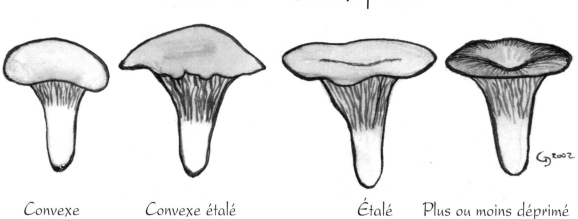

Convexe   Convexe étalé   Étalé   Plus ou moins déprimé

Chair du chapeau

Notez si la peau ou cuticule se pèle de la surface de la chair, phénomène assez évident chez les Russules. Vérifiez l'épaisseur (Illustration 8 a. et b.), la texture de la chair (molle, ferme, coriace) ainsi que les changements de couleur de la chair à court et à long terme. Ces changements de couleur surviennent plus ou moins rapidement au toucher ou à la cassure.

Le Bolet bleuissant change de couleur au moindre contact et aussitôt qu'il est coupé : il devient bleu indigo (changement rapide). On peut identifier certaines Russules par la couleur qu'elles prennent en séchant (changement très lent). On remarque également un changement de couleur sur les spécimens matures comme le Clitocybe omboné dont les taches rougeâtres apparaissent sur les lamelles à la fin de leur croissance.

24

Illustration 4

Le chapeau

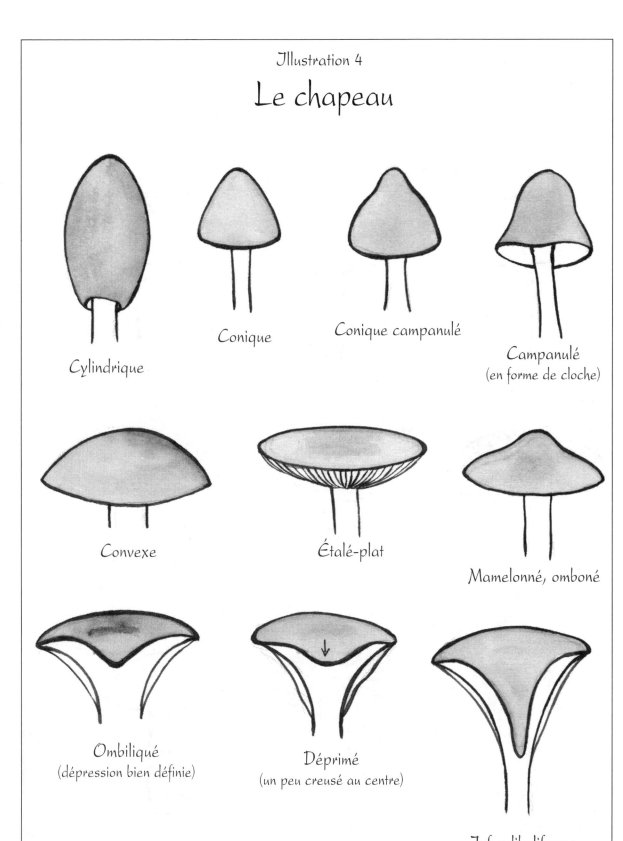

Cylindrique

Conique

Conique campanulé

Campanulé
(en forme de cloche)

Convexe

Étalé-plat

Mamelonné, omboné

Ombiliqué
(dépression bien définie)

Déprimé
(un peu creusé au centre)

Infundibuliforme
(en forme d'entonnoir)

Illustration 5

La décoration du chapeau

Lisse

Ridé, sillonné

Vergeté

Craquelé

Fibrilleux

Verrues

Mélucheux

Écailles
retroussées

Farineux, micacé,
pruineux

Les textures de la chair

Cartilagineux : Rigide, peu élastique et cassant.

Coriace : Qui est dur comme du cuir.

Friable : Chair ou lamelle qui s'émiette facilement.

Glabre : Lisse, sans poil.

Hygrophane : Apparence mouillée.

Imputrescible : Qui ne se décompose pas facilement.

Lardacée : Qui a la texture du lard.

Ligneux : Consistance du bois.

Micacé : Couvert d'une poudre brillante.

Mucilage : Substance visqueuse et collante.

Pruineux : Impression de poudroiement.

Putrescible : Susceptible de pourrir.

Viscidule : Collant, poisseux.

La marge et l'hyménium

La marge est la bordure extérieure de la surface du chapeau. Elle est parfois ornée (Illustration 6 b.) ; en coupant le champignon en deux, vous pouvez voir sa forme générale (Illustration 6 a.).

L'hyménium, la surface reproductrice des champignons, se compose de lamelles ou de tubes, de plis ou d'aiguillons. L'épaisseur, la largeur (Illustration 8) et l'espacement entre les lamelles (Illustration 7 o. et p.) ainsi que les caractéristiques des tubes (Illustration 9 a.), des aiguillons (Illustration 9 b.) et des plis sont révélateurs.

Parfois, les lamelles ou les tubes se séparent facilement de la chair du chapeau. Par exemple, chez le Paxille enroulé, on peut décoller les lamelles à la pression du doigt (Illustration 9 c.). La façon dont les lamelles ou les tubes sont attachés au pied du champignon est une observation souvent négligée. Pourtant, c'est un critère d'identification important et révélateur. Coupez le spécimen en deux et vous verrez le mode d'attachement des lamelles ou des tubes au pied (Illustration 7 a. à n.).

Illustration 6

La marge

a.

Enroulée

Incurvée

Droite

Étalée

Retroussée

Révolutée

b.

Lisse

Lobée

Ondulée

Festonnée

Striée

Sillonnée

Frangée

Débordante

Les lamelles

Fourchues : Se dit des lamelles ou des plis qui se séparent en deux en partant du pied vers le chapeau. Synonyme de « bifurquées ». (Illustration 7 r.)

Interveinées ou anastomosées : Les lamelles réunies par des veines. (Illustration 7 n.)

Lamellules : Petites lamelles insérées entre les autres et qui ne touchent pas au pied. (Illustration 7 a.)

Il est parfois difficile de différencier les quatre prochains types d'attachement des lamelles, qui sont presque synonymes. Voici comment les définirait René Pomerleau (Illustration 7 d. à g.) :

Échancrées : Qui présentent une encoche. Se dit des lamelles dont le contour s'affaisse un peu avant le point d'insertion et remonte ensuite sur le pied.

Uncinées : Se dit des lamelles munies d'un onglet ou d'une dent au point d'insertion.

Émarginées : Se dit des lamelles qui présentent une petite dépression.

Sinuées : Se dit des lamelles qui présentent une faible échancrure près du pied.

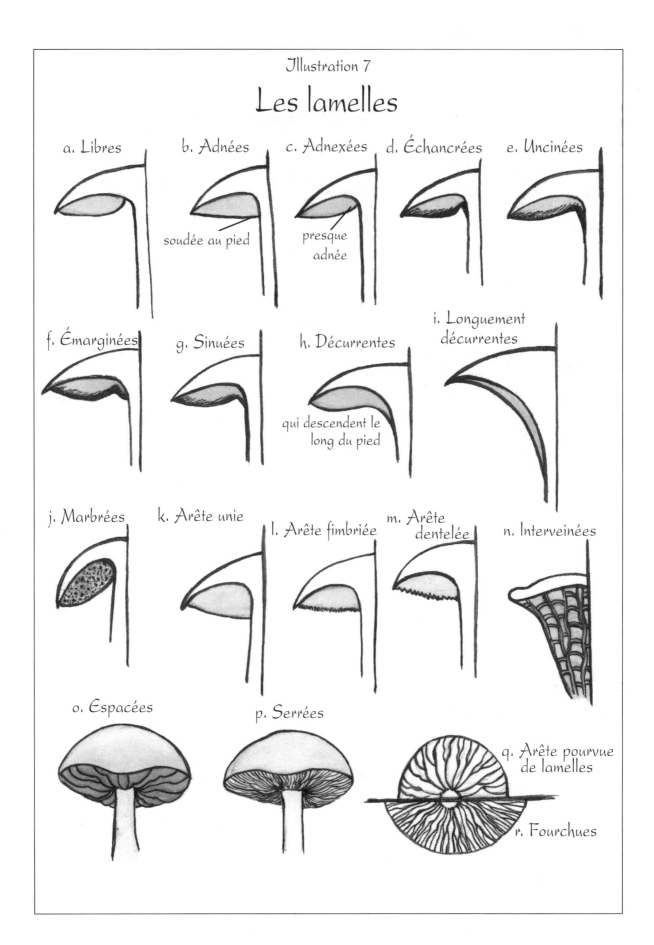

Illustration 7

Les lamelles

a. Libres

b. Adnées
soudée au pied

c. Adnexées
presque adnée

d. Échancrées

e. Uncinées

f. Émarginées

g. Sinuées

h. Décurrentes
qui descendent le long du pied

i. Longuement décurrentes

j. Marbrées

k. Arête unie

l. Arête fimbriée

m. Arête dentelée

n. Interveinées

o. Espacées

p. Serrées

q. Arête pourvue de lamelles

r. Fourchues

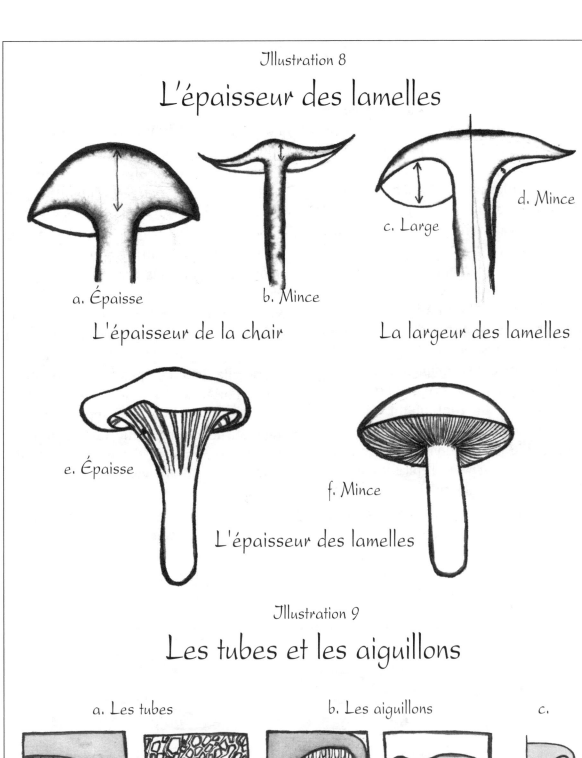

Illustration 8

L'épaisseur des lamelles

a. Épaisse

b. Mince

c. Large

d. Mince

L'épaisseur de la chair

La largeur des lamelles

e. Épaisse

f. Mince

L'épaisseur des lamelles

Illustration 9

Les tubes et les aiguillons

a. Les tubes

b. Les aiguillons

c.

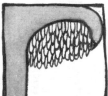

Ronds et fins

Anguleux et rayonnants

Fins et courts

Longs

Les lamelles se séparent de la chair du chapeau à la pression du doigt.

31

Le pied, l'anneau et la volve

Un champignon qui a un pied est stipité (Illustration 3 d. et e.) et une espèce qui ne possède pas de pied est sessile. Comme le chapeau, le pied a des couleurs, des formes (Illustration 11 a. à h.), des décorations (Illustration 10 l. à o.) et des textures différentes, caractéristiques déterminantes pour l'identification d'un spécimen. L'attachement du pied au chapeau (Illustration 10), c'est-à-dire la continuité de la chair du chapeau (Illustration 10 a.) à la chair du pied ou la présence de tissus différents constituent deux autres facteurs importants dans l'identification d'un champignon. Par exemple, chez les Russules, la chair du chapeau et celle du pied ne font qu'un. Chez les Amanites, Lépiotes, Coprins et Agarics, elle est séparable (Illustration 10 a.). Le champignon que l'on achète à l'épicerie a un pied qui se sépare du chapeau ; faites-en l'essai !

De plus, en coupant le pied en deux, vous remarquerez s'il est plein, creux ou farci, critère qui peut changer à mesure que le champignon vieillit (Illustration 11 i. à k.). Vous pouvez déterminer la texture du pied en le brisant entre vos doigts ; vous verrez alors s'il est résistant, cassant, élastique, fibreux, coriace, etc.

L'anneau et la volve (Illustration 1 g. et i.) sont des critères d'identification importants, mais les intempéries et les insectes les font parfois disparaître. Sur le terrain, il faut être attentif à ces caractéristiques. Lorsque vous identifiez un champignon, il faut toujours cueillir le pied en entier afin de ne pas perdre la volve et la forme de la base du pied. La volve peut avoir plusieurs textures ; lorsqu'elle est floconneuse, elle tend à se perdre dans le sol en petits morceaux. Par contre, elle laisse souvent des écailles sur le chapeau (Amanite tue-mouches). Lorsqu'elle est élastique, la volve laisse rarement des restes sur le chapeau et elle est bien visible autour du pied (Amanite vaginée).

Fugace ou évanescent : Se dit des anneaux, voiles ou volves fragiles qui disparaissent facilement.

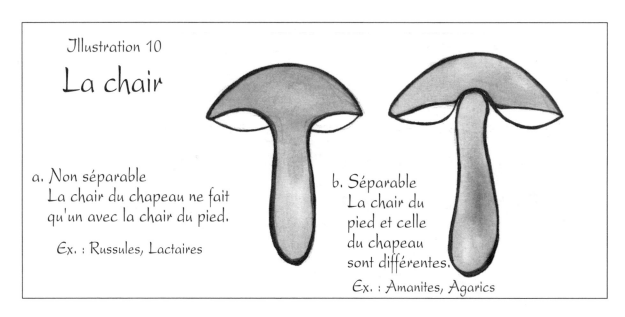

Illustration 10

La chair

a. Non séparable
La chair du chapeau ne fait qu'un avec la chair du pied.

Ex. : Russules, Lactaires

b. Séparable
La chair du pied et celle du chapeau sont différentes.

Ex. : Amanites, Agarics

Illustration 11

Le pied

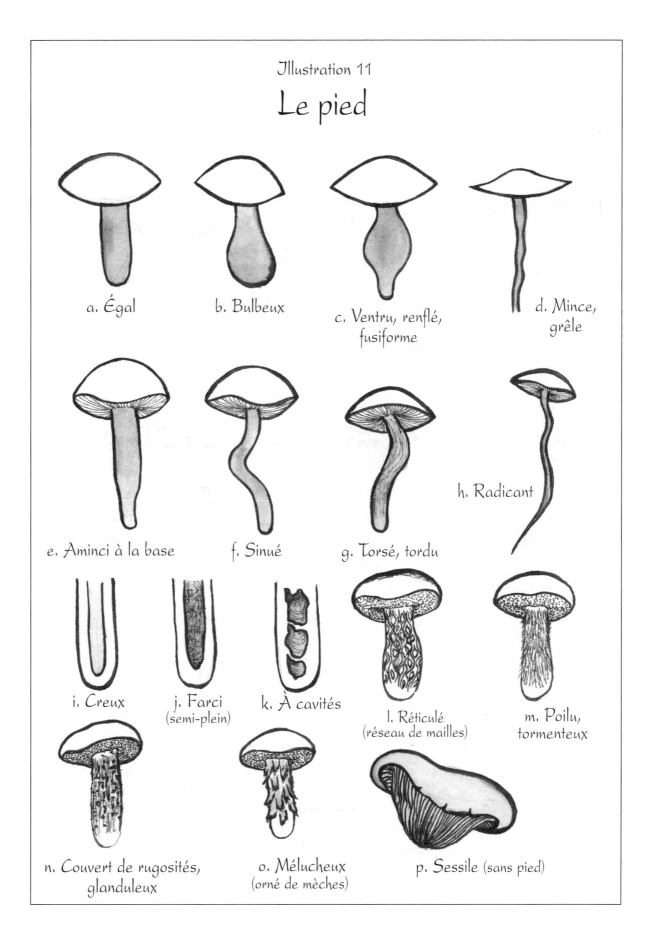

a. Égal

b. Bulbeux

c. Ventru, renflé, fusiforme

d. Mince, grêle

e. Aminci à la base

f. Sinué

g. Torsé, tordu

h. Radicant

i. Creux

j. Farci (semi-plein)

k. À cavités

l. Réticulé (réseau de mailles)

m. Poilu, tormenteux

n. Couvert de rugosités, glanduleux

o. Mélucheux (orné de mèches)

p. Sessile (sans pied)

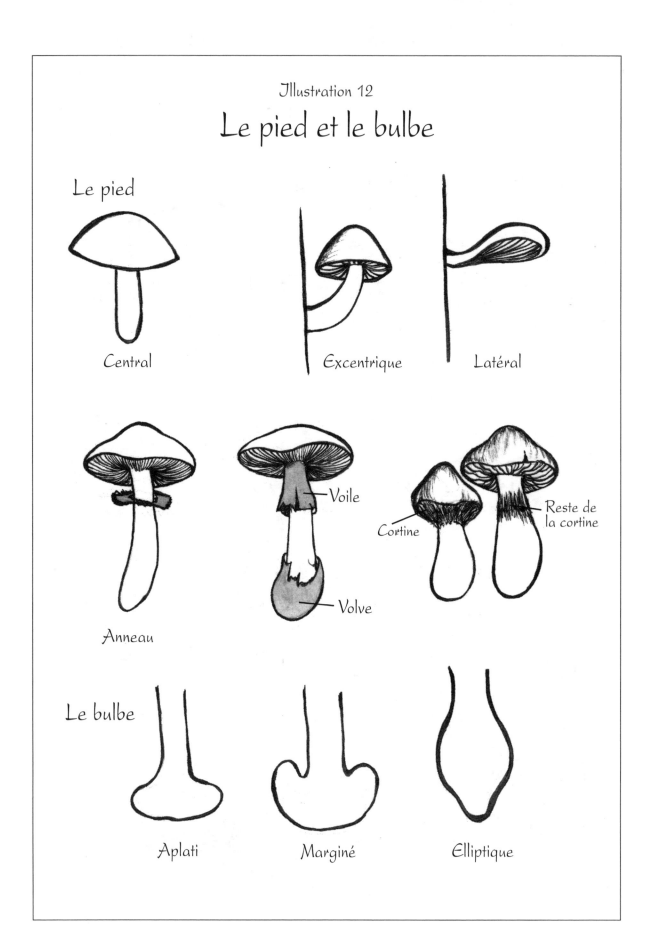

Illustration 12

Le pied et le bulbe

Le pied

Central

Excentrique

Latéral

Anneau

Voile

Volve

Cortine

Reste de
la cortine

Le bulbe

Aplati

Marginé

Elliptique

La sporée

Les spores, qui sont microscopiques, constituent la semence du champignon. En examinant les spores au microscope, on peut constater qu'elles adoptent des formes, des grosseurs et des textures différentes.

variée : c'est la sporée (Illustration 13 b.). La couleur de la sporée est un élément essentiel à l'identification d'un champignon. Par contre, elle ne détermine pas si un champignon est comestible ou non. Elle identifie à quel

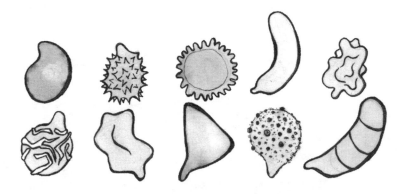

Les spores

Pour l'amateur de champignons, la sporée est importante (Illustration 13). La sporée est une accumulation des spores produite par l'appareil fertile du champignon (lamelles, tubes, plis, aiguillons). Parfois, on peut observer ce dépôt sous forme d'une poudre blanche ou colorée, au sol sous le champignon ou sur le chapeau des autres spécimens qui sont placés en dessous. La sporée la plus voyante est celle de la Vesse-de-loup : produite lorsqu'on tape ou écrase le spécimen, la « fumée » qui s'échappe du champignon est en fait des milliers de spores qui s'envolent aux quatre vents.

Placez le chapeau du champignon à plat sur une feuille de papier en vous assurant que les lamelles, les tubes, les plis ou les aiguillons se trouvent du côté de la feuille ; les spores continueront de tomber et s'accumuleront sur le papier (Illustration 13 a.). Après une ou deux heures, parfois plus, lorsque vous soulèverez le chapeau, vous verrez une fine poudre de couleur

genre appartient le champignon. Par exemple, les Cortinaires ont typiquement une sporée rouille ; les Coprins, une sporée noire déliquescente ; les Amanites, une sporée blanche ; les Entolomes, une sporée rose.

La sporée peut surtout aider à différencier deux espèces qui se ressemblent en apparence. Par exemple, une des différences entre l'Amanite vireuse et l'Agaric champêtre, deux espèces facilement confondues, est que l'Amanite vireuse a une sporée blanche, tandis que l'Agaric champêtre a une sporée noire. En fait, les sporées peuvent prendre une variété de couleurs : blanc, ivoire, crème, jaune pâle, jaune vif, rose, ocre pâle, ocre foncé, brun pourpre, noir, rosâtre, verdâtre, grisâtre, etc. Certaines sporées ont des nuances très délicates ; il est donc important de faire le dépôt sur un papier blanc, afin de dénoter ces nuances. L'idéal est d'utiliser un papier mi-blanc, mi-noir, afin d'apercevoir facilement une sporée de couleur très pâle. Prenez note que si le champignon que vous avez cueilli est trop jeune, il ne produira probablement pas de sporée puisque les spores sont immatures. Si le spécimen est trop vieux et que les spores sont déjà presque toutes tombées, il n'y aura pas de dépôt non plus.

Illustration 13

La sporée

a.

b. Après 1 ou 2 heures (parfois plus)

Les parfums et les saveurs

Vous remarquerez qu'un mycologue portera toujours le spécimen à identifier à son nez, car les champignons offrent une panoplie de saveurs et de parfums. En effet, le parfum agréable, nauséabond ou absent d'un spécimen est déterminant dans l'identification d'une espèce. Voici quelques exemples de parfums qu'offrent les champignons : noisette, amande, sirop d'érable, pomme, pomme de terre, fruits, farine fraîche ou vieillie, radis, anis, concombre, fruits de mer, térébenthine, savon, foin, poireau, ail, oignon, viande pourrie, soufre. Parfois très délicats et à peine perceptibles, certains parfums sont cependant très agressifs. On remarque l'odeur cadavérique des Phalles bien avant d'apercevoir les champignons.

Les champignons offrent également différentes saveurs. Cela implique qu'on doit goûter aux spécimens qu'on veut identifier. René Pomerleau nous rassure en déclarant qu'on peut goûter sans danger tous les champignons, même les espèces toxiques ou mortelles ! Il existe une technique particulière pour goûter un champignon : mastiquez un petit morceau du champignon pendant quelques secondes, recrachez-le et notez sa saveur. Un champignon au parfum et à saveur agréables n'est pas nécessairement comestible. Il ne faut pas confondre critère de comestibilité et critère d'identification.

Le Lactaire odorant (*Lactarius glyciomus*) présente une odeur sucrée ; il sent les biscuits « Feuilles d'érable » ou à la noix de coco. On appelle cette odeur « odeur de coumarine ». La coumarine est une substance odorante extraite de la fève de tonka, graine d'un arbre de la Guyane. Malgré son parfum agréable, le Lactaire odorant est âcre et immangeable.

Voici quelques termes qui décrivent les parfums ou les saveurs et qui sont souvent mentionnés dans les guides.

Alliacée : Odeur d'ail, d'oignon.

Cadavérique : Odeur de viande pourrie.

Nauséeux : Odeur déplaisante, qui cause la nausée.

Nitreuse : Odeur alcaline ou d'eau de Javel.

Sapide : Saveur perceptible et agréable.

Raphanoïdes : Odeur de pomme de terre, de radis.

Les couleurs

Les termes suivants sont utilisés pour décrire la palette des champignons :

Blanc

Blanc de lait : Presque blanc.

Blanchâtre : Blanc sale.

Ivoire : Blanc jaunâtre.

Beige ou bis : Brun très clair.

Sordide : Blanchâtre sale.

Jaune

Alutacé : Jaune pâle.

Ambre : Jaune ocré.

Chamois : Jaune clair.

Isabelle : Basané.

Vireux : Jaune-vert.

Vitellin : Jaune d'œuf.

Vert

Glauque : Vert pâle de mer.

Opalin : Laiteux verdâtre.

Rose et rouge

Bai : Brun roussâtre.

Carné ou incarnat : Couleur peau.

Cinabre : Vermillon.

Fauve : Brun orangé.

Ferrugineux : Rouille.

Porphyre : Pourpre.

Pourpre, purpurin : Rouge violacé.

Rutilant : Rouge orangé vif.

Tan : Écorce de chêne, brun-roux.

Testacé : Couleur de brique.

Vineux : Rouge grisâtre ou pâle ou foncé.

Gris et noir

Argilacé : Gris brunâtre, teintes terreuses.

Bistre : Brun noirâtre.

Fuscescent : Gris rougeâtre foncé, brun ocré grisâtre, noir olivacé.

Fuligineux : Couleur de suie, gris noirâtre.

(Toutes les définitions sont tirées de la *Flore des champignons au Québec et régions limitrophes* de René Pomerleau.)

(Si vous désirez vous faire une idée plus précise de la richesse de toutes les teintes et nuances, consultez la charte dans la section couleur.)

Cueillette et identification

Aux cueilleurs de la planète

Chaque coin de la nature nous appelle,
Lumière dorée sur ces fruits mûrs d'automne.

Mousses, lichens et champignons nourris d'humus
Couvrent le sol de merveilles.

Cette vibrante forêt
Nourrit les passions de nos cœurs.

Par les sentiers discrets,
Des oiseaux chantent notre passage aux écureuils.

Et nous remplissons nos paniers
De mille douceurs.

Guylaine Duval, 2000

Les plaisirs
de la cueillette

Apprendre à connaître les champignons est une ouverture sur l'histoire, la culture et la gastronomie. Difficile au début, l'identification se transforme, chez les plus persévérants, en une expérience d'observation de la nature qui devient passionnante. Les premières récoltes sont souvent décevantes. La plupart des champignons qu'on rencontre, environ 80 %, sont sans intérêt pour la consommation, car ils sont considérés soit toxiques soit immangeables à cause de leur saveur nulle, amère, piquante, acide, âcre, brûlante, poivrée ou nauséeuse. Mais s'ils étaient tous comestibles, où prendrions-nous le plaisir ? Les champignons n'attendent qu'à se faire découvrir ; ils nous demandent de fournir un effort pour apprendre à les connaître et, en retour, ils nous promettent des années de cueillettes miraculeuses, des randonnées en forêts, des nouvelles saveurs et de bons repas. Tout cueilleur connaît un élan de joie à la vue d'une talle de Chanterelles ou de Morilles. Tôt le matin,

après une nuit de pluie, quel plaisir de découvrir des Bolets à peine sortis de terre qui n'ont pas encore été piqués des vers !

Avec le temps, le cueilleur reconnaît instinctivement les endroits propices aux champignons. Vous verrez, bientôt vos pas vous guideront là où se trouve le butin. Avec l'expérience, on sait discerner leur odeur avant même de les trouver. Chaque cueillette, chaque saison mycologique apporte ses surprises : la découverte d'une espèce rare, une nouvelle talle bien garnie, une saison exceptionnelle. Quoi de mieux que de partager un repas préparé avec des champignons que nous avons nous-mêmes cueillis avec ceux qu'on aime, leur raconter l'histoire de la cueillette, leur décrire cette talle extraordinaire. Et, en janvier, quand il fait - 20 °C, qu'il est bon de rêver de la saison qui s'en vient, alors qu'on partira enfin, panier au bras, nez au vent, cueillir ces cadeaux de la nature qui naissent de la pluie, du tonnerre et des éclairs !

La cueillette miraculeuse

Au petit matin,
Après une nuit orageuse de fin juillet, nous partons
À la cueillette de champignons.
La forêt sent l'humus et nous respirons la vie qui bouge en elle.

Nous trouvons déjà quelques Chanterelles
Et des Bolets à peine sortis de terre.

Encouragés par ces petites trouvailles,
Nous nous enfonçons dans la montagne en territoire inconnu.
Soudain, dans un bois très accidenté et moussu,
Nous trouvons une talle de belles grosses Chanterelles.

Alors qu'on se penche pour cueillir ces petits bijoux,
Nous voyons, plus loin, une autre talle.
Partout où se pose notre regard, il y a des Chanterelles !
Nous crions et nous sautons de joie.
Même le chien bondit d'allégresse
À nous voir sauter et courir d'une talle à l'autre,
Ne sachant où donner de la tête.

Nous sommes grisés par tant d'abondance.
Nous emplissons nos paniers, qui débordent déjà.
Au fond d'une poche, nous trouvons un sac de plastique
Que nous emplissons aussitôt.
Même nos gilets servent de contenant de fortune.

Lourds de notre précieux butin
Le cœur léger,
Nous prenons le chemin du retour.

La route est longue.
Le soleil a dissipé les nuages.
La chaleur de juillet fait apparaître les mouches
Qui s'en donnent à cœur joie
À nous tourner autour de la tête et à nous piquer.

Mais il en faudrait bien plus pour nous faire lâcher prise.
Nous sommes riches comme des rois et heureux comme des dieux,
Chargés de ce butin miraculeux.

De retour à la maison,
C'est la fête !
On nous accueille à grands cris
Lorsqu'on déballe notre trésor et qu'on raconte notre aventure.

En plein cœur de l'hiver,
Par une journée de grand froid,
Je sors du congélateur
Un petit sac de Chanterelles,
Souvenir de cette journée inoubliable.

Alors qu'elles mijotent doucement,
Je me penche au-dessus de la poêle,
Les yeux fermés, pour mieux les humer.
Pour un bref instant,
Je suis transportée dans cette forêt.
Et c'est alors que je comprends
Le goût de la Chanterelle.

Elle goûte comme cette forêt après la pluie,
Elle goûte le sapin, la mousse, la terre, la pluie, le soleil et les chevreuils.
Elle goûte la joie et l'allégresse.

Comment cueillir les champignons ?

Que ce soit pour les manger ou seulement pour les identifier, il est important de cueillir vos champignons avec soin. Les champignons sont fragiles et se brisent facilement. L'utilisation d'un panier est préférable à celle d'une chaudière ou d'un sac de plastique, car ces derniers, une fois remplis pêle-mêle de champignons sales, rendent l'identification difficile voire impossible. Si quelques espèces s'avèrent comestibles, elles seront impossibles à nettoyer et immangeables. Apportez des sacs en papier pour séparer les différentes espèces afin de ne pas mélanger les champignons toxiques et les champignons destinés à la consommation.

L'opinel est, par tradition en Europe, le couteau officiel des cueilleurs de champignons, mais tout autre couteau de votre choix fera l'affaire. Un couteau du genre canif dont la lame se referme est plus sécuritaire pour la marche en forêt. Si vous tenez à votre couteau, accrochez un ruban voyant au manche qui vous permettra de le repérer facilement si vous l'égarez. Les espèces connues que l'on réserve à la consommation devraient être nettoyées sur le terrain. Enlevez le plus de terre possible ainsi que les parties abîmées. Si l'on omet de faire un premier nettoyage, il sera impossible d'enlever tout le sable et la terre de la chair, des tubes et des lamelles. Les champignons à identifier doivent être cueillis en entier. Creusez autour du pied pour le retirer au complet, car la base du pied révèle des indices importants pour l'identification. Si possible, ramenez des spécimens à différents stades de croissance ; cela vous donnera plus d'information pour l'identification. Prenez tout de suite des notes sur leur mode de croissance et leur habitat.

Évitez de cueillir une grande quantité d'un champignon inconnu en pensant que vous ferez un festin de roi. Plus souvent qu'autrement, une fois que les champignons cueillis sont identifiés, vous devez les jeter parce qu'ils sont toxiques ou sans intérêt. Lorsque vous découvrez une grande quantité de champignons comestibles, cueillez-en selon vos besoins. Inutile de revenir à la maison avec des quantités phénoménales si vous les retrouvez deux ans plus tard dans le fond de votre congélateur. Inutile aussi de revenir à la maison avec trop d'espèces à identifier ; vous risquez tout simplement de vous décourager. Au début, choisissez des espèces qui ont des caractéristiques saillantes qui faciliteront l'identification. Au fur et à mesure que vous deviendrez plus expérimenté, vous pourrez tenter de découvrir des espèces plus difficiles à identifier.

Le secret de la cueillette : parcimonie et propreté.

Où et quand cueillir les champignons ?

Où poussent les champignons ?

Les champignons poussent partout, mais chaque espèce croît en général dans un milieu très précis. Les champignons de ville sont ceux que l'on rencontre surtout dans les milieux urbains, particulièrement sur les gazons, tels les Marasmes d'Oréade et les Coprins chevelus. D'autres vont croître sur des débris en décomposition : amas de feuilles, de compost, de gazon, de fumier ou bran de scie. Il est toujours important de bien noter dans quoi ou sur quoi poussent vos spécimens.

Fait étrange : La Pézize des domiciles ou des caves (*Pezize adae* ou *Pezize domiciliana*) croît sur le mortier et le plâtre humide des murs souterrains ou des parois des caves de terre. Je l'ai vue aussi sur de vieux matelas dans des maisons abandonnées ou à la base des murs dans des endroits habités, mais très humides. Cette Pézize, quoique comestible, est plutôt répugnante et ne nous donne pas le goût de la consommer.

Certaines espèces de champignons poussent typiquement sur des bouses ou sur du crottin, donc dans les champs, mais parfois un gazon bien engraissé peut fournir un milieu propice pour ces mêmes espèces. Par exemple, on retrouve l'Agaric champêtre sur les gazons et dans les champs. Certains champignons sont exclusivement associés à des essences de feuillus, comme le Pleurote ou l'Amanite des Césars. Cette dernière, très rare, pousse dans les chênaies. Les forêts de conifères sont aussi propices à plusieurs espèces, mais c'est lorsqu'on se trouve dans une forêt mixte qu'il faut remarquer attentivement près de quels arbres se trouvaient les espèces cueillies.

Quand poussent les champignons ?

Les champignons ont chacun leur saison de pousse. Certains d'entre eux, comme les Morilles, les Gyromitres et les Pézizes, sortent tôt au printemps. Ensuite, de la fin mai à la fin juin, les champignons se font plus rares. Par contre, la fête de la Saint-Jean-Baptiste au Québec (le 24 juin) annonce le début de la saison des Chanterelles ciboires. Chaque année, autour de cette date, je fais la tournée de mes talles pour voir comment s'annonce la saison. En fait, à la fin juin, les Chanterelles « bourgeonnent » ; elles sortent à peine de terre, petits points orangés sur le sol, remplis de promesses. Un néophyte ne remarquerait peut-être même pas que ce sont des Chanterelles à ce stade. Il est rare que je revienne avec une cueillette de Chanterelles à la Saint-Jean, à moins que le printemps ait été exceptionnellement chaud et humide. J'y retourne donc environ deux semaines plus tard pour faire mes premières récoltes.

Le champignon indicateur du début de la saison mycologique d'été est l'Amanite tue-mouches ; bien que non comestible et même toxique, ce champignon s'avère très utile. Sa grande taille et sa couleur jaune orange la rendent facile à repérer. Là où pousse l'Amanite tue-mouches croissent également plusieurs espèces de Bolets, entre autres le Cèpe. De surcroît, chaque semaine et chaque ondée font naître de nouvelles espèces. Certaines n'apparaissent que pour quelques jours ou quelques semaines et ne reviendront que l'année suivante comme les Armillaires couleur de miel. D'autres se renouvellent presque jusqu'à la fin de la saison comme le Clitocybe omboné. Les quelques petites neiges précoces et les gelées hâtives ne nuisent aucunement à la cueillette ni à la qualité de ces espèces qui ont besoin du froid pour pousser. J'ai cueilli des Pleurotes recouverts de neige et de glace en octobre. Des Coprins chevelus cueillis en novembre sont nettoyés et congelés aussitôt ; je les utilise pour cuisiner sans même les décongeler. Ainsi chaque espèce a sa saison, et le mycologue averti sait quand trouver quoi.

L'humidité est un facteur important dans le développement du mycélium et dans le déclenchement de la sortie des carpophores. Moins il pleut, moins les champignons poussent. Les années où le temps est sec et que les champignons sont rares, on peut quand même cueillir des espèces sur les vieilles souches, lesquelles gardent beaucoup d'humidité. Les quelques heures qui suivent une bonne pluie sont propices aux bonnes récoltes. S'il pleut pendant plusieurs jours, sortez votre imperméable ; vous verrez comme la forêt est belle quand il pleut ! Le bruit de la pluie qui tombe délicatement sur les feuilles, les couleurs étonnamment vibrantes malgré la grisaille, le parfum inimitable de cette douce nature, l'atmosphère tranquille, paisible, les oiseaux qui sautillent de branche en branche, silencieux. Je ne fais que décrire ces scènes et je me sens nostalgique ; lorsque je ferme les yeux, je m'imagine là-bas et je suis si heureuse...

Cueillette d'automne

Journée grise.
La pluie tombe sans arrêt.
Nous partons trois amis
Cueillir des champignons.

Armés de nos imperméables,
De paniers et de petits couteaux
Nous entrons dans la forêt mouillée.

Nous cherchons des Chanterelles.
Nous trouvons dans les sapinières
Des centaines de Mitrules comestibles
mais sans goût.
Elles sont pourtant pleines de vie
et de lumière.
Leur couleur jaune vif et leurs formes
irrégulières

Leur donnent l'air de petits lutins qui
courent affolés
Sur le sol couvert d'aiguilles
Et qui semblent figés un instant par notre
présence
Pour reprendre vie dès qu'on tourne le dos.

Nous trouvons aussi,
Dans ce sous-bois rempli de sapins,
Des centaines d'Hygrophores pudibonds
Qui semblent rougir de gêne
À nous voir si hardis
sous la pluie qui n'arrête pas.
Si seulement ils étaient comestibles
Nous ferions tout un festin.

D'énormes Clavaires
En forme de chou-fleur
Finissent dans nos paniers
Elles feront des merveilles
Avec un riz basmati.

Sous les hêtres,
Parmi les feuilles dorées,
Nous trouvons des Hydnes sinués.
Ils sont fragiles mais si délicieux.

Sous les feuilles tombées d'un grand hêtre,
Sublimes petites merveilles,
Des Trompettes de la mort.
Un nom bien sinistre
Pour ces noires Chanterelles
En forme de trompettes
Qui sont un pur délice en béchamel.

Si jamais vous avez le bonheur et la chance
d'en trouver,
N'allez pas les violenter en les faisant
revenir dans du beurre,
Vous en perdriez toutes les subtiles saveurs.
Laissez-les plutôt tremper longtemps dans
le lait tiède
Ajoutez un jaune d'œuf et préparez la sauce
Sur un feu doux, très doux.

Lenteur et douceur vous donneront
Toute la délicate saveur et le parfum de ces
Chanterelles noires.

Un peu plus loin,
Une énorme talle de
Chanterelles clavaires.
Moins connue que la Girolle
Mais bien en chair, la Chanterelle clavaire
Est odorante et savoureuse.

Les paniers se remplissent.
Tricholomes équestres,
Lactaires délicieux, Pleurotes.
Voici un magnifique Hydne tête d'ours,
Qu'on se partage avec joie.

On rencontre encore, ici et là,
La tristement célèbre Amanite vireuse
Qui porte bien son nom d'Ange de la mort.
D'un blanc pur et presque translucide,
D'une beauté angélique,
Le malheureux qui par mégarde
goûte sa chair,
Connaîtra des jours de souffrances atroces
Avant de rendre l'âme.
Étrange stratagème de la nature
Qu'un champignon si blanc et si parfait
Soit porteur d'un tel destin.
Quand je croise ce champignon,
Je suis remplie de respect
Devant une telle fantaisie.

Le soir venu, bien au chaud dans mon lit,
Je ferme les yeux,
Et de cette journée grise de pluie,
Me viennent mille couleurs à l'esprit.
Je revois les feuilles sur le sol,
Les mousses et les lichens,
L'écorce des arbres et les roches.
Je pense à chaque branche, chaque
brindille,
Luisant de lumière
Comme si un artiste fou s'était amusé
à vernir la forêt toute entière.

Identification

Les secrets de l'identification :
l'observation, la patience, la persévérance et la remise en question.

Voici quelques petits conseils pratiques avant de commencer à identifier vos champignons. Avant même de fouiller dans les livres, essayez de décrire le spécimen que vous tentez d'identifier. Servez-vous de la « Fiche d'identification » (page 51) pour noter vos observations. Ensuite, commencez vos recherches. Chaque fois que vous remarquerez de nouvelles caractéristiques, inscrivez-les sur la fiche. Si vous avez de la difficulté à identifier votre spécimen, notez quand même le genre auquel vous croyez qu'il appartient. En plus de vous aider à identifier votre spécimen, cet exercice vous permettra d'améliorer vos connaissances en mycologie.

Activité complémentaire

Faites un dessin ou prenez quelques photos du champignon. Pour faire un dessin, placez le champignon coupé en deux à plat sur la feuille de papier et tracez le contour (consultez le dessin d'identification de l'auteur, page 49). Si vous préférez travailler avec une photo, prenez-en une du spécimen entier et une autre du champignon coupé en deux. Placez une règle pour mesurer le champignon. Gardez une sporée entre deux feuilles de papier. Si vous ne réussissez pas à identifier votre spécimen immédiatement, vous pourrez réessayer lorsque vous aurez plus d'expérience ou lorsque vous achèterez de nouveaux livres. J'ai souvent identifié des champignons à partir de renseignements et de photos que j'avais recueillis dans le passé. C'est de commettre une erreur que d'identifier vos champignons qu'avec des images. Elles sont certes d'une aide précieuse, mais les observations faites sur votre spécimen doivent aussi correspondre aux descriptions techniques du guide. La saison, le lieu et le mode de croissance doivent s'harmoniser. La couleur de la sporée doit être exacte. Consultez le glossaire au besoin. Avec un peu de patience et de pratique, vous en viendrez à bout.

On apprend à connaître les champignons à force d'observations et avec l'habitude. Chaque année de cueillette vous permettra d'observer une nette amélioration de vos connaissances techniques, mais aussi des connaissances intuitives qui ne s'expliquent pas dans un livre. Comment trouve-t-on des Chanterelles ? Au début, probablement par hasard, puis avec l'expérience, on les trouve intuitivement, c'est-à-dire que l'on se sent davantage attiré par un endroit que par un autre. On trouve aussi les champignons en se laissant guider par l'odeur qu'ils dégagent, mais ceci demande plusieurs années d'expérience et une connaissance sensuelle du champignon. Si vous avez la chance d'aller cueillir des champignons avec un expert, observez-le, vous apprendrez un autre genre d'information très utile sur le terrain, mais difficile à expliquer par écrit.

Si vous apprenez les éléments de base de la mycologie, vous pourrez facilement différencier les genres sur le terrain et bientôt reconnaître les bons des dangereux. Lorsque vous arrivez à la maison avec vos premiers spécimens non identifiés, sachez que si vous ne réussissez pas à identifier vos champignons du premier coup, c'est tout à fait normal. Chaque tentative vous apprendra quelque chose de nouveau. Puis il y aura un déclic, un moment où, enfin, vous comprendrez votre premier champignon. Vous penserez : « Ah ! C'est ce que voulait dire tel auteur dans tel livre par telle caractéristique. » Cette connaissance restera à jamais gravée dans votre mémoire et vous comprendrez mieux ce que le guide tentait de vous expliquer. Une fois que vous aurez compris le Cortinaire à bracelets ou l'Amanite vireuse, vous les reconnaîtrez même s'ils ne ressemblent pas à la photo du livre, même s'ils changent de forme, de grosseur ou de couleur. Plusieurs espèces, qui ont des caractéristiques très saillantes, sont plus faciles à identifier que d'autres. Par exemple, l'Amanite tue-mouches (toxique), avec son chapeau jaune orangé et ses grosses écailles, ou le Coprin chevelu (comestible), qui pousse sur les gazons et qui devient typiquement noir d'encre avec l'âge, sont faciles à identifier même pour un débutant.

Les champignons changent d'aspect au fur et à mesure qu'ils évoluent dans leur cycle de croissance, ce qui rend parfois leur identification difficile. Par exemple, la jeune Amanite tue-mouches ne ressemble en rien à ce même champignon devenu mature. Si vous découvrez une talle d'Amanite tue-mouches ou d'un autre type de champignons, observez bien les spécimens. Remarquez les différences entre les jeunes spécimens et ceux qui sont matures. Parfois,

d'une talle à l'autre, vous noterez des changements de couleur et de grosseur pour une même espèce. J'ai déjà trouvé, à Saint-Adrien-de-Ham, en Estrie, une gigantesque Amanite tue-mouches. Le diamètre du chapeau étalé mesurait près de 30 cm et il était rouge orangé comme on en voit peu au Québec. Habituellement, ces champignons sont plus petits et jaunes, mais j'étais certaine que je ne me trompais pas : c'était bel et bien une Amanite tue-mouches.

En raison de divers facteurs, la grosseur, la couleur et parfois même la forme peuvent changer pour une même espèce. Par exemple, j'ai déjà vu des Cèpes, qui ont habituellement un pied épais et trapu, avec un pied très long. Les champignons qui poussent dans la mousse ont souvent un pied très long pour que le chapeau s'élève assez haut afin de permettre aux spores de se répandre. L'Armillaire couleur de miel est un bon exemple de champignon polymorphe, c'est-à-dire dont la forme générale est très changeante. Il faut se fier à des critères autres que la forme et la couleur pour identifier positivement cette espèce. La couleur de sa sporée, son odeur, sa période de croissance (généralement en septembre pendant environ deux semaines) et son mycélium très particulier serviront à l'identifier.

Lorsque vous êtes sur le terrain, prenez des notes. Dans quel milieu pousse le champignon (forêt de feuillus ou de sapins, forêt mixte, gazon, etc.) ? Comment poussent-ils (isolés, en groupes, en touffes denses, en colonies, etc.) ? Quel est leur substrat (bois, fumier, terre, mousse, etc.) ? De retour à la maison, faites une sporée (consultez la section qui traite de la sporée), examinez attentivement vos spécimens, notez les caractéristiques qui attirent votre attention (odeur, texture, couleur, changement de couleur rapide ou à plus long terme, présence d'un anneau ou d'un voile, mode d'attachement des lamelles, etc.). D'après la couleur de la sporée et la clé des espèces de votre guide, déterminez à quel groupe appartient votre champignon. Tout mycologue consciencieux qui s'apprête à essayer une nouvelle espèce qu'il a identifiée comme comestible devrait consommer de petites quantités à la fois. Testez le spécimen d'abord sur vous-même (il n'est pas nécessaire que toute la famille serve de cobaye, surtout si elle compte de jeunes enfants qui ont une santé plus fragile). Conservez un échantillon des spécimens que vous goûtez ; si vous ressentez des symptômes d'intoxication, il sera plus facile de déterminer le type d'empoisonnement et le champignon responsable. Comme vous le verrez dans la section sur les empoisonnements, la plupart des cas d'intoxication répertoriés sont dus à la négligence des cueilleurs. Soyez prudent, mais surtout soyez curieux, car la forêt vous réserve de belles surprises !

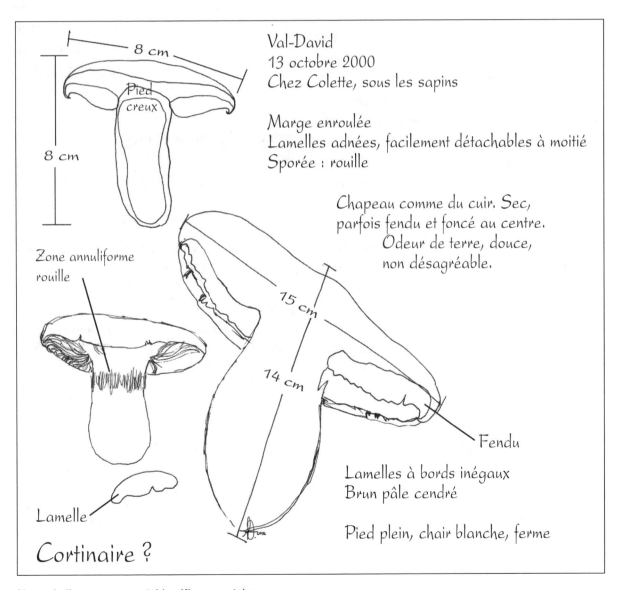

Notes de l'auteur servant à identifier un spécimen

Les livres d'identification

Au Québec, il existe plus de 2 000 espèces de champignons ; la plupart des guides traitent de deux ou trois cents spécimens. Ne soyez donc pas surpris si vous ne retrouvez pas, dans votre guide, le champignon que vous avez entre les mains. Je vous recommande donc de travailler avec des livres qui traitent du territoire sur lequel vous cueillez. Les livres européens ne représentent pas nécessairement les espèces qui poussent au Québec (même si certaines espèces sont communes aux deux continents) puisque les saisons sont différentes tout comme les régions où on les trouve. Il en est de même pour les livres qui portent sur les champignons des États-Unis même si les régions situées près des frontières peuvent présenter des similitudes avec les espèces du Québec.

La *Flore des champignons au Québec et régions limitrophes* de René Pomerleau décrit la majorité des espèces connues au Québec. À ma connaissance, ce livre de référence, très bien rédigé, n'a jamais été réédité ; on le trouve seulement en bibliothèque ou, très rarement, dans les magasins de livres usagés. Les autres guides se contentent de décrire les espèces les plus communes, les plus savoureuses et les plus dangereuses. Plusieurs petits champignons bruns ou blancs ne sont pas dans les guides d'identification : on les appelle les PCB (petits champignons blancs ou petits champignons bruns). Même si vous aviez un guide qui décrit ces champignons, les PCB sont très difficiles à identifier. Ils n'ont aucun intérêt pour le gastronome et sont souvent toxiques. À éviter.

Je crois que tout cueilleur de champignons doit aussi se procurer un bon livre de recettes sur ces espèces. Si vous faites une belle cueillette, il est pratique d'avoir à la portée de la main quelques idées de recettes et méthodes de conservation. Vous apprendrez, par exemple, que mettre des Chanterelles dans une sauce à spaghetti n'est pas la meilleure façon de les apprêter, car vous en perdrez toute la saveur et le parfum. Tous les livres de recettes sont intéressants, qu'ils proviennent d'ici ou ailleurs.

Fiche d'identification

Date : _____

Saison : _____

Habitat : _____

Mode de croissance : _____

Milieu où pousse le champignon : _____

Chapeau

Forme générale : _____

Taille : _____

Couleur : _____

Marge : _____

Cuticule : _____

Chair

Couleur : _____

Changement de couleur : _____

Saveur : _____

Texture : _____

Odeur : _____

Latex : _____

(N.B. : À titre d'exercice, vous pouvez utiliser cette fiche d'identification avec les illustrations et les indications fournies dans le chapitre « L'ABC des champignons ».)

Lamelles (tubes, plis, aiguillons)

Type d'hyménium : _____

Couleur : _____

Largeur, épaisseur : _____

Mode d'attachement au pied : _____

Changement de couleur au froissement : _____

Pores : _____

Présence de lamellules : _____

Pied

Forme : _____

Longueur : _____

Couleur et changement de couleur : _____

Chair

Texture : _____

Pied plein, creux, farci, avec des cavités : _____

Voile

Texture : _____

Couleur : _____

Anneaux

Position sur le pied : _____

Couleur : _____

Volve

Texture : _____

Restes sur le chapeau présents ou non : _____

Couleur : _____

Sporée

Couleur : _____

Autres remarques

_____

_____

_____

_____

_____

_____

_____

_____

Petits et grands cueilleurs

C'est dans une magnifique pinède s'étendant sur plusieurs kilomètres carrés, sur un sol moussu et foisonnant de champignons, qu'un ami et moi avons vécu cette belle aventure. Panier au bras et couteau en main, nous partons vers cet endroit qui nous réserve toujours de grandes surprises jusqu'à la fin de l'automne. Nous y cueillons des Armillaires ventrus (Masutake), Tricholomes prétentieux, Tricholomes équestres, Clavaires cendrées, Clitocybes ombonés ainsi que divers types de Bolets. Nous apercevons d'autres espèces, vénéneuses mais non moins belles, telles des Amanites citrines, des Amanites brunâtres, des Cortinaires de toutes sortes et plusieurs autres petites espèces que je ne connais même pas. La semaine, nous rencontrons occasionnellement d'autres cueilleurs. Souvent, un vieil homme rayonnant de santé marche tranquillement vers nous et nous comparons nos cueillettes et échangeons souvent quelques recettes. La fin de semaine, des groupes de mycologues adorent fréquenter cette merveilleuse pinède.

Par une belle journée d'automne, nous marchons dans cette magnifique forêt, scrutant le sol à la recherche de perles rares. Tout à coup, nous sommes attirés par des champignons qui « poussent » sur des branches d'arbres. Nous trouvons bizarre le fait que les gens qui sont passés avant nous se soient amusés à jeter leurs champignons dans les arbres... Il y en avait des dizaines qui s'entassaient sur les branches, à notre hauteur, parfois plus haut, comme si les cueilleurs avaient lancé leur panier en l'air. Mais nous réalisons soudain – à notre grand étonnement – que, partout dans cette forêt, des champignons pullulent sur les branches d'arbres !

Parfois, nous découvrons des champignons comestibles tant recherchés et lorsqu'ils sont en bonne condition et accessibles, nous les plaçons dans nos paniers. Au sol, il nous arrive de cueillir de beaux Tricholomes prétentieux, intacts, mais la plupart du temps, nous ne retrouvons que des lambeaux de ces gros champignons déchiquetés dans la mousse et à demi enfouis dans le sol. Comme c'est malheureux de savoir que certains cueilleurs, en plus de s'emparer de notre cueillette, gaspillent tous ces beaux champignons. Et nous voilà justement face à face avec le coupable. En fait, il y avait plus d'un coupable ; ils étaient des centaines à nous épier et à se moquer de nous. À quelques mètres de nous, un écureuil tenait dans sa bouche un Tricholome équestre. De ses yeux noirs, il nous fixait, nous défiait du regard. Puis d'un bond, il s'empresse de grimper dans un arbre et de cacher, très haut entre deux branches, ce beau spécimen que nous aurions volontiers mis dans notre panier. Avant de s'enfuir, il pousse un cri strident, moqueur, voire même un peu rageur, pour nous faire comprendre que nous envahissons son territoire. Vraisemblablement, ces petits malins font sécher les meilleurs champignons afin de garder des provisions pour l'hiver !

Chaque année, lorsque nous retournons dans cette pinède, ces champignons dans les arbres nous font bien rire. Cependant, nous savons que nous avons affaire à un groupe organisé qui consent à partager son territoire, pour autant que l'on cueille les champignons au sol. Quand nous racontons cette histoire à nos amis, je ne suis pas certaine qu'ils nous croient, mais lorsque nous les amenons dans cette forêt, ils constatent les faits. Quant à nous, nous n'oublierons jamais cette rencontre avec celui qui ne pouvait être que le chef de cette bande organisée. Et nous prenons désormais son cri d'avertissement au sérieux. **Prenez note que si un écureuil ou un autre animal mange certaines espèces de champignons, ils ne sont pas nécessairement comestibles pour l'humain. Identifiez chaque espèce avant de la déguster.**

Morille - comestible

Les secrets des champignons

Leur cycle de vie

Les champignons sont tous des décomposeurs : leur rôle dans la nature consiste à prendre des éléments composés par d'autres organismes et à les décomposer pour qu'ils soient réutilisables. Les saprophytes se nourrissent de matières organiques mortes telles le bois, l'humus et autres débris végétaux et animaux. Les symbiotes ou champignons mycorhiziques décomposent aussi la matière, mais dans le but très précis d'aider un autre organisme à profiter directement du fruit de leur labeur. Ils enroulent leur mycélium autour des racines des plantes hôtes et le font pénétrer à l'intérieur de celles-ci. Les plantes hôtes se procurent ainsi des ressources supplémentaires essentielles à leur bien-être. « Quatre-vingt-cinq pour cent des plantes herbacées vivent en association avec des mycorhizes à arbuscules. C'est donc dire que dans le monde végétal, la symbiose mycorhizienne est la règle plutôt que l'exception ! » (*Biodiversité des champignons mycorhiziens*, Y. Dalpé)

Le mycélium, une des parties les plus importantes du champignon (Illustration 14 b. et c.), est responsable de la décomposition des diverses matières organiques. Il se développe à partir d'une spore produite par le champignon mature (Illustration 14 a.). Le mycélium, ces filaments à peine visibles à l'œil nu, s'étend dans la matière, qui lui sert d'habitat, et s'en nourrit. Un mycélium qui sort d'une spore est appelé mycélium simple (Illustration 14 b.). Deux mycéliums simples se joindront dans le sol pour faire un mycélium double (Illustration 14 c.). Une fois bien nourri, ce mycélium double formera des carpophores, communément appelés champignons.

Lorsqu'il pleut et que sortent les champignons (parfois en très grande quantité ou du moins il nous semble), il faut penser que les champignons que nous voyons comptent parmi les chanceux qui ont survécu à plusieurs opérations complexes. En effet, des milliers de spores sont tombées du spécimen mature. Seules celles qui sont tombées dans un milieu propice à leur croissance germeront en un mycélium simple. Ensuite, il aura fallu que deux mycéliums simples se rencontrent dans le sol pour former un mycélium double. Du mycélium double, s'il rencontre les conditions idéales, naissent les carpophores. Chaque champignon est un petit miracle ! Le mycélium peut vivre très longtemps dans le sol en étendant ses ramifications à l'infini si rien de néfaste ne lui arrive, par exemple un déversement d'engrais chimiques ou un changement radical du milieu (ex. : une forêt ou un champ transformé en immeuble à logements). Le mycélium, qui est très coriace, peut survivre à des conditions climatiques très variables. Quand la température n'est pas idéale, comme lors d'une sécheresse ou en hiver, leur croissance est ralentie, voire même complètement arrêtée, mais elle reprend lorsque le temps s'y prête.

Les mycéliums se nourrissent des matières organiques enfouies dans le sol, mais pas n'importe lesquelles ; à chacun sa spécialité ! Par exemple, le Marasme à odeur de poireau (*Marasmius scorodonius*) décompose strictement les aiguilles de conifères. Les Cordiceps s'attaquent aux chrysalides de papillons ou aux larves de coléoptères cachées dans le sol. Si les éléments organiques sont abondants, le mycélium bien nourri produit un champignon fort, en santé et en abondance. Si, par contre, ce même mycélium est atrophié, le champignon poussera plus chétif et la talle sera moins garnie.

Le *Journal de Montréal*, en août 2000, a publié un article intitulé « Le plus grand organisme vivant du monde – Un champignon de 5 kilomètres de longueur ». En fait, c'est bien du mycélium dont on parle et non pas du carpophore ! « Ce mycélium, âgé de 2 400 ans, s'étend sur 5 600 mètres et se répartit sur 880 hectares. » Comme je vous disais, ces mycéliums sont plutôt coriaces. Les spores peuvent survivre très longtemps aux intempéries et rester inactives pendant de très longues périodes avant d'éclore. Des milliers de spores sont propagées dans l'air et attendent un milieu propice pour germer.

Lorsque le mycélium est bien nourri et que les conditions d'humidité et de température sont propices, un bébé champignon naît. Le petit champignon est souvent en forme de boule allongée, son chapeau étant refermé sur le pied pour protéger l'hyménium des insectes et des intempéries.

Chez les Amanites, le champignon est doublement protégé par la volve, un sac qui enveloppe entièrement le champignon lui donnant l'air d'un petit œuf, et par un voile qui recouvre les lamelles jusqu'à ce qu'elles soient prêtes à libérer leurs spores. Si l'on coupe un champignon en deux lorsqu'il est encore dans l'œuf, on peut distinguer sa forme, son chapeau, ses lamelles et son pied (Illustration 15). En grandissant, le champignon perce cette enveloppe, laissant parfois des restes sur le chapeau. Si la volve est floconneuse, elle laisse de grosses écailles, des verrues ou des plaques, comme chez l'Amanite tue-mouches. Si la volve est élastique, elle se fendra pour laisser sortir le champignon, comme chez l'Amanite vireuse, sur le chapeau de laquelle on aperçoit très rarement des restes (Illustration 14 e.). Une fois le champignon sorti de la volve, le pied continue de soulever le chapeau, et le chapeau commence à s'étaler. Si le champignon a un voile, ce dernier se détache des bords du chapeau, laissant parfois pendre des lambeaux qui rendent la marge inégale (Illustration 14 f.). Lorsque le voile est tombé, les spores vieillissent et se dispersent. Les spores sont projetées entre deux lamelles par un mécanisme d'éjection. Parfois, le vent les transporte un peu plus loin. Une fois au sol, les spores recommencent leur cycle (Illustration 14 g.).

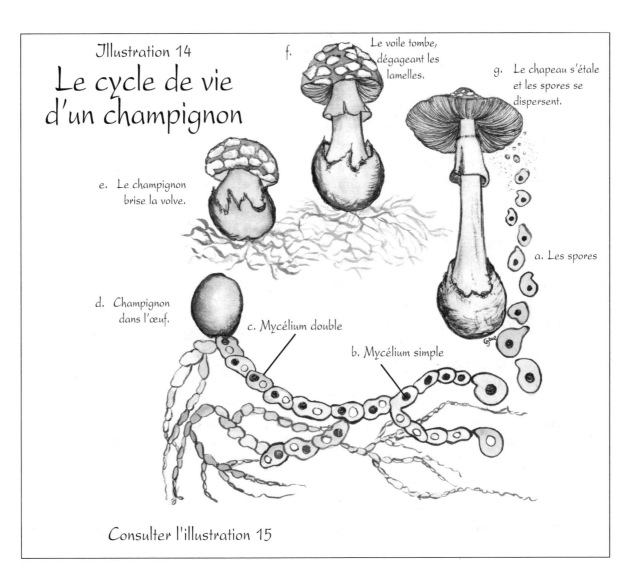

Illustration 14

Le cycle de vie d'un champignon

f. Le voile tombe, dégageant les lamelles.

g. Le chapeau s'étale et les spores se dispersent.

e. Le champignon brise la volve.

a. Les spores

d. Champignon dans l'œuf.

c. Mycélium double

b. Mycélium simple

Consulter l'illustration 15

Illustration 15

Le champignon dans l'œuf

Entier

Coupe latérale

Chapeau
Lamelles
Voile
Pied
Volve

Leur évolution

Plus un champignon est évolué, plus sa surface reproductrice (l'hyménium) est grande. Les champignons les plus simples et les plus primitifs épousent la forme d'une massue et toute leur surface produit des spores. Leur structure est simple et leur création demande peu d'énergie. Une version plus élaborée et plus efficace des champignons sont les Clavaires qui, en ramifiant leur forme de massue, augmentent leur surface fertile. Voici une autre méthode d'évolution ingénieuse qui concerne la massue : la surface du champignon se ride, le bout s'aplatit, puis s'agrandit, formant un chapeau et augmentant du même coup la surface inférieure qui produit les spores (Illustration 16).

Sous le chapeau de la Lépiote élevée se cache une grande quantité de lamelles très larges. Si l'on prend chacun des deux côtés de la lamelle qui produit des spores et qu'on les place l'un à côté de l'autre, la surface de reproduction totale peut atteindre plus d'un mètre carré. Un champignon d'un mètre carré exposé aux intempéries n'est pas favorable à la survie de son espèce. Les champignons qui ressemblent à un parasol sont formés ainsi pour les mêmes raisons qui font que nous utilisons un parapluie : nous protéger des intempéries. Les tubes et les lamelles qui libèrent la sporée sont protégés par le chapeau. Le pied qui les soulève du sol laisse tomber les spores qui, soufflées par des courants d'air, sont portées au loin. Les champignons sans pied se servent des arbres comme support, s'élevant ainsi à des hauteurs qui enragent les cueilleurs, puisque souvent le butin abondant et plein de promesses est hors d'atteinte.

Les Coprins, champignons aux lamelles très serrées, sont ornés d'un chapeau presque entièrement formé de lamelles contenant très peu de chair. Le pied est juste assez solide et fort pour soulever le champignon hors de la terre. L'extrémité du champignon, très dure, permet de percer la surface du sol, parfois même l'asphalte ! Lorsque les lamelles sont extrêmement serrées, elles forment à elles seules la chair du chapeau. Contrairement à d'autres espèces, au lieu d'être éjectées, les spores du Coprin se liquéfient et coulent dans le sol sous la forme de gouttes d'encre.

Les champignons ont recours à d'autres méthodes, plus ingénieuses les unes que les autres, pour rendre efficaces leur mode de dispersion. Les Géastres ou Étoiles de terre ressemblent aux Vesses-de-loup enfermées dans une enveloppe qui s'ouvre en forme d'étoile lorsqu'il pleut. En effet, l'humidité fait gonfler l'intérieur du Géastre et sa peau extérieure fend. La partie en forme d'étoile maintient le champignon en position stable. L'autre partie exposée disperse les spores qui, en tombant sur le champignon comme un coup sur un sac, permettent à des milliers de spores de s'échapper par l'orifice (Illustration 17 a.). De plus, par temps sec, l'étoile se referme, formant ainsi une boule, laquelle, poussée par le vent, roulera plus loin. Lorsqu'il se remettra à pleuvoir, les pétales se rouvriront pour stabiliser la boule et exposer la partie fertile aux intempéries, ce qui augmentera sa surface de dispersion et ses chances de tomber sur un milieu fertile. (Illustration 17 b.)

Les Phalles illustrent un autre exemple de dispersion efficace et originale. On retrouve au sol des gros œufs blancs et gélatineux desquels s'élève une structure qui ressemble au sexe d'un chien. À l'extrémité de cette structure, on distingue une substance gluante et nauséabonde. Cette substance malodorante, qui contient les spores, est lourde et collante. Comment le vent pourrait-il alors disperser les spores de cet étrange champignon ? Comme la nature est ingénieuse ! Les mouches, attirées par l'odeur cadavérique du champignon, se posent sur cette substance qu'elles mangent goulûment et dont elles s'enduisent les pattes. Lorsqu'elles s'envolent au loin, elles dispersent les spores qu'elles transportent sur leurs pattes et dans leur estomac. La mouche, qui est fouineuse, dépose ici et là ses excréments contenant les spores et assure la subsistance de ce champignon (Illustration 20). Lorsqu'on connaît ce phénomène, comment peut-on regarder ce champignon du même œil ? De plus, ces champignons sont comestibles. Quand on les fait revenir dans du beurre, les Phalles goûtent le radis et sont croustillants comme du riz soufflé. En Chine, ces champignons sont très populaires et poussent en grande quantité dans les forêts de bambou ; on tente de trouver une façon pour les cultiver. Les Chinois considèrent ces champignons, dans l'œuf, comme une nourriture de choix.

En plus des lamelles, on retrouve d'autres systèmes dont la surface de reproduction est efficace : les tubes chez les Bolets et les Polypores ; les aiguillons chez les Hydnes ; les plis chez les Chanterelles. Tous ces modes de reproduction, en plus d'être ingénieux, nous permettent, en un coup d'œil rapide, de classifier l'espèce trouvée dans une des quatre catégories : les lamelles, les plis, les aiguillons et les tubes.

Amanite brunissante – non comestible

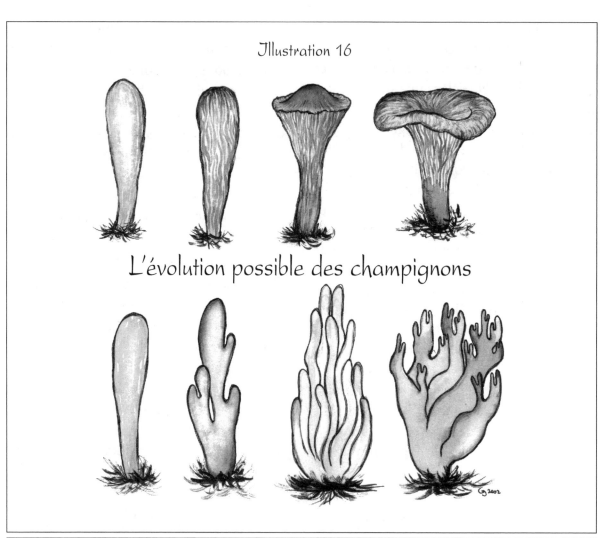

Illustration 16

L'évolution possible des champignons

a. Ouverte, disperse ses spores

b. Poussée par le vent

Illustration 17

Les Géastres

Illustration 18

Les Phalles

Leurs bienfaits et méfaits

Les champignons éveillent en nous une peur qui provoque l'indifférence ou la curiosité. Mystérieux, ils apparaissent soudainement et parfois en quantités innombrables. Leurs formes, leurs couleurs, leurs odeurs, leurs saveurs, leurs effets et les endroits où ils apparaissent nous intriguent. Longtemps, les hommes ont cru que les champignons provenaient des éclairs et du tonnerre, ce qui leur a valu, chez certains peuples, la bien mauvaise réputation d'être associés à la magie, aux diables et aux sorcières. Chez d'autres peuples, les champignons sont vénérés comme des dieux. Des savants, qui ont élaboré des recherches en ethnomycologie (Wasson), classent les peuples en deux groupes : les peuples mycophobes, qui craignent les champignons, et les peuples mycophiles, qui les cueillent et les consomment volontiers.

L'arrivée du microscope démystifie une partie du monde étrange des champignons, notamment leur cycle de vie. Il devient apparent que les champignons jouent un rôle très important dans la nature. Malgré l'utilisation de microscopes de plus en plus puissants, ces plantes continuent à nous fasciner et cachent toujours une part de mystère. Lorsqu'on ose entrer dans l'univers des champignons, on découvre leur complexité, leur fragilité et leur beauté. Certains champignons, microscopiques et macroscopiques, sont très dangereux pour l'homme, les animaux, les récoltes et les arbres. Par contre, dans l'ensemble, la plupart des champignons sont très favorables à l'humanité.

Les champignons se classent dans deux grandes catégories. La première englobe les champignons microscopiques, que l'on compte par centaines de milliers. Cette catégorie comprend les moisissures et les levures. Les levures et les ferments jouent un rôle primordial dans notre vie quotidienne. En opérant une réaction chimique rapide, ils font gonfler le pain, mûrir le fromage, fermenter le vin et la bière. Comme la vie serait morose sans pain ni fromage ni vin, n'est-ce pas ? Les champignons macroscopiques ou champignons supérieurs sont nettement moins nombreux que les champignons microscopiques. Au Québec, on compte plus de 2 000 espèces répertoriées. Lorsqu'on parle de champignons, on pense aux Truffes, Morilles, Chanterelles, Cèpes, Pleurotes, Champignons de Paris, Shiitake, Masutake et Enoki. Ces quelques espèces font partie de la flore mycologique commerciale.

L'or liquide

En Allemagne, au XVIIIe siècle, à la suite d'un retard important dans les récoltes, les raisins laissés sur les plants de vigne ont été infectés par une pourriture appelée *Botrytis cinera*. Afin d'atteindre les quotas de récoltes demandés, on cueille et utilise quand même les raisins endommagés. À la grande surprise de tous, le vin fabriqué à partir de ces raisins a une saveur riche et unique, de grande qualité. Le *Botrytis cinera* a réduit la quantité d'eau du fruit frais et augmenté la quantité de sucre naturel du raisin. Ce champignon porte maintenant le nom de « Pourriture noble » et on nomme le vin fabriqué à partir de ces raisins, que l'on récolte délibérément le plus tard possible, « Or liquide ».

Les symbiotes

Ce n'est que depuis quelques décennies que les botanistes et mycologues ont réalisé que la majorité des plantes terrestres vivent en symbiose avec les champignons. Loin de nuire, les mycéliums des champignons qui poussent sur les racines d'une plante hôte procurent à celle-ci des éléments nutritifs et des façons de la métaboliser plus rapidement que si elle était laissée à elle-même. En retour, la plante hôte apporte au champignon un milieu propice à sa survie. Certaines espèces, étroitement liées aux arbres et aux plantes qui les entourent, ne pousseront pas sans leur compagnie.

La médecine

Les champignons qui guérissent ou qui ont des propriétés médicinales, connus entre autres des Chinois, sont-ils en réalité de vulgaires potions magiques sans effet ? Utilisés depuis des millénaires, certains champignons guériraient le cancer, le cholestérol et le diabète. D'autres auraient des propriétés anticoagulantes et anti-allergènes. Même le vulgaire Champignon de Paris des supermarchés aurait des propriétés médicinales : il réduirait la haute pression, augmenterait la production de lait des mères qui allaitent et préviendrait les indigestions. Depuis la nuit des temps, les Orientaux comptent plusieurs champignons médicinaux à leur pharmacopée. Des études scientifiques prouvent de plus en plus que les propriétés médicinales de ces champignons sont entièrement fondées.

En 1929, la découverte de la pénicilline pour ses propriétés antibiotiques révolutionne le monde médical moderne. En quelques années, les techniques de production de la pénicilline se sont perfectionnées et ont sauvé des milliers de vies. Fleming, Chain et Florey, trois scientifiques ayant participé au développement de formes stables de la pénicilline, ont gagné le prix Nobel de médecine en 1945. La découverte de la pénicilline donne une nouvelle perspective des microbes et des pourritures !

Les parasites

Les ravages causés par les espèces destructrices sont d'une rapidité fulgurante et les résultats, désolants. Certains champignons peuvent détruire des forêts entières, surtout lorsque ces forêts sont composées d'une seule espèce, car les plantations sont alors vulnérables. Ces champignons parasites s'attaquent au bois vivant et au bois mort. De nos jours, le bois de construction est traité pour résister aux infections dévastatrices des champignons, ce qui n'a pas toujours été le cas.

Le *Gyroplana lacrymans*, un Polypore appelé Mérule, forme sur les poutres humides des plaques brunes qui rendent rapidement le bois mou et friable. Vers la fin du XVIIIe siècle, une flotte de bateaux construite pour l'amiral Nelson est bâtie avec du bois infesté par le mycélium de ce parasite redoutable. Une fois en mer, l'humidité qui règne dans les cales de bateaux est extrêmement propice au développement de ce champignon. En peu de temps, le mycélium ravage une grande partie de la flotte. À la suite de ce désastre – et grâce à la nouvelle technologie –, on commence à construire des bateaux en métal.

Du point de vue écologique, ces champignons qui s'attaquent aux arbres blessés, affaiblis et morts et qui les décomposent rapidement en humus, ne sont pas nuisibles à la nature. Les arbres en décomposition abritent un nombre impressionnant de créatures et d'organismes vivants : une immense maison qui se mange. Selon mon opinion, cette faune et cette flore grouillantes de vie ne sont pas bienvenues en pleine mer ou dans nos maisons, mais indispensables aux cycles de la nature.

Les hallucinogènes

Ce n'est pas d'hier que les hommes consomment des champignons. Dans les temps anciens, les peuples sibériens et mexicains utilisaient des champignons hallucinogènes lors des rituels religieux. Ces champignons aux propriétés particulières ouvrent un monde parallèle à ceux qui les consomment. J'ai déjà lu que l'idée même des dieux viendrait d'expériences avec des substances hallucinogènes. Imaginez un être humain, il y a plusieurs milliers d'années, qui se promène et qui aperçoit au hasard un champignon ou une plante hallucinogène. Il y goûte et poursuit sa marche lorsque tout à coup, le paysage qui l'entoure se met à changer. Les couleurs deviennent vibrantes ; les arbres bougent, dansent et parlent. Tous ses sens sont en éveil et jamais auparavant il ne s'est senti de la sorte. Il entend le bruissement du vent dans les feuilles qui ressemble à des milliers de petites voix qui lui racontent l'origine du monde. Les animaux qu'il chasse lui parlent et lui révèlent de grands secrets. Puis il se réveille et voyant où il se trouve, il réalise que ce grand voyage se déroulait dans un monde parallèle. Il se souvient des histoires que lui ont racontées les arbres, les feuilles, l'ours et le lapin. Désormais, sa perception du monde ne sera plus jamais pareille ; il a franchi les barrières d'une autre réalité, une nouvelle dimension vient de naître dans l'imaginaire de l'homme. Cette même expérience vécue à différents endroits par des personnes de cultures diverses donne lieu à des croyances distinctes.

Au Moyen Âge, l'ergot du seigle, un champignon microscopique qui poussait sur le seigle lorsque le temps était trop humide, se retrouvait dans les farines de mauvaise qualité et provoquait chez les pauvres paysans qui mouraient de faim des hallucinations et des convulsions violentes. En 1692, les croyances de l'époque et les fortes hallucinations causées par la consommation de cette farine contaminée seraient à l'origine de la célèbre chasse aux sorcières de Salem.

Le désormais célèbre LSD-25 est un dérivé des alkaloïdes de l'ergot du seigle découvert par Albert Hoffman, chimiste au sein d'une compagnie pharmaceutique. Lors de ses recherches, Albert Hoffman isole un à un les acides lisergiques contenus dans l'ergot. Un jour, alors qu'il travaille sur le LSD-25, il ressent des effets étranges produits au contact de cette substance. Les très faibles doses et les effets remarquables qu'il ressent au simple toucher de cette substance le portent à croire qu'il vient de trouver une substance psychotrope très puissante. Cette substance, le LSD, fait voyager toute une génération : c'est un élément important de la culture « Flower Power » des années 60. À la même époque, le LSD est utilisé par les services secrets pour faire des lavages de cerveau !

Apparemment, les Grecs connaissent depuis très longtemps les propriétés psychotropes de l'ergot du seigle, car ils s'en servaient lors d'un rituel qui célébrait les mystères d'Euleusis. Des ethnobotanistes et des mycologues ont établi un lien entre l'ergot du seigle et le kykeon, une boisson violette à base de graines, d'eau et de menthe qui provoquait, chez les initiés au mystère d'Euleusis, des hallucinations au cours desquelles de grands secrets leur étaient révélés. Puisque les effets ressentis par le kykeon dépassent nettement ceux de l'alcool, il est permis de croire que cette boisson n'était pas du vin. Or, toute la cérémonie des mystères d'Euleusis demeure secrète ; très peu d'écrits racontent ce qui se passait vraiment lors de ces rituels. Cependant, les révélations étaient telles qu'elles ont attiré des grands hommes comme Socrate, Platon, Sophocle, Euripide et Homère. De nos jours, en raison de ses propriétés vasoconstrictrices, l'ergot du seigle est utilisé dans une gamme de médicaments efficaces contre la migraine. Différentes époques, différentes croyances : ce champignon, rempli de surprises, fait partie depuis longtemps de l'humanité pour le meilleur et pour le pire.

Leurs noms étranges

La nomenclature scientifique des champignons est très complexe. Je ne tenterai pas de vous l'expliquer en profondeur puisque je ne comprends que vaguement ses rudiments. Les scientifiques, à l'aide d'instruments de plus en plus puissants, poussent leurs recherches aux limites de la microscopie et retravaillent constamment la nomenclature des champignons. Pour l'amateur, cette nouvelle nomenclature est très complexe. Parfois, j'ai l'impression qu'à force de tout diviser et subdiviser, les scientifiques finiront par trouver un genre unique pour chaque champignon ! En tant qu'amateurs, nous ne découvrirons qu'une infime partie des quelques milliers d'espèces existantes. Quelques amateurs chevronnés auront la chance de voir et de reconnaître des espèces rares, car en plus d'être au bon endroit au bon moment, encore faut-il être capable de reconnaître qu'une espèce est rare.

Les noms latins sont les noms de référence dans toutes les langues. Ce qui intéresse les amateurs et ce qu'il est important de bien comprendre, ce sont les différents genres et espèces. Les genres regroupent les champignons ayant des traits semblables. Par exemple, les Lactaires sont des champignons qui produisent un lait à la cassure, qui ont la chair cassante et granuleuse ainsi que des lamelles décurrentes ou adnées. Chez les Amanites, les champignons possèdent, entre autres, une volve, un voile et une sporée blanche.

Il existe également des attributs qui déterminent l'espèce. Prenons l'Amanite rougissante, le Lactaire délicieux et le Coprin chevelu. « Rougissante », « délicieux » et « chevelu » sont des attributs puisqu'ils qualifient le champignon. L'Amanite rougissante devient rouge à la cassure, le Lactaire délicieux est très savoureux et le Coprin chevelu a de grosses écailles retroussées sur son chapeau. Parfois, le nom de l'espèce rappelle le nom d'un personnage célèbre comme l'Amanite des Césars qui porte son nom en souvenir de César qui raffolait de cette délicieuse Amanite. On donne aussi à certains champignons le nom d'un mycologue renommé. Les noms tels que Atkinsoniana pour

Atkinson ; Peckii pour Peck ; Schweinitzii pour Schweinitz ; Colemannianus pour Coleman ; Kauffmanii pour Kauffman et ainsi de suite rendent tous hommage à un mycologue.

Si la plupart des noms qualifient de façon évidente le champignon qu'ils nomment, parfois le lien est peu ou pas existant. Le Cortinaire gentil (*Cortinarius gentilis*) ou en anglais Gentle Cort (Cortinaire doux) est réputé contenir des composés toxiques qui peuvent causer de violentes réactions. Il n'y a rien de gentil dans ce champignon. Par contre, la Trompette de la mort, malgré son nom lugubre, est inoffensive et délicieuse.

En plus des noms scientifiques, les champignons ont également des noms familiers propres à chaque pays ou à chaque cueilleur. Les exemples sont nombreux ; ce sont généralement des champignons cueillis pour leur comestibilité ou, dans quelques cas, de redoutables champignons toxiques ou mortels.

Nom français (*nom latin*)	Nom commun
Marasme d'Oréade (*Marasmius oreades*)	Mousseron, Nymphe des montagnes
Chanterelle ciboire (*Cantharellus cibarius*)	Girolle
Armillaire couleur de miel (*Armillaria mellea*)	Tête de Méduse
Agaric champêtre (*Agaricus campestris*)	Rosée des prés
Tricholome équestre (*Tricholoma flavovirens*)	Canari, Chevalier
Russule parasitée (*Hypomyces lactiforum*)	Champignon homard
Hydne sinué (*Dentinum repandum*)	Pied de mouton
Clitopile petite prune (*Clitopilus prunulus*)	Meunier (en raison de son odeur de farine)
Phalle (*Mutinus caninus*)	Satyre des chiens
Phalle impudique (*Phallus impudicus*)	Satire puant impudique (à cause de son apparence phallique et de son odeur détestable)
Tricholome nu (*Lepista nuda*)	Pied bleu (Dans un livre de cuisine, on appelle poétiquement un mets composé de canard et de Lépiste nu un col vert au pied bleu.)

Nom français (*nom latin*)	Nom commun
Pleurote en forme d'huître (*Pleurotus ostreatus*)	Poule des bois (fait référence à la texture semblable à la peau du poulet)
Lépiote élevée (*Lepiota procera*)	Coulemelle, Nez-de-chat, Parasol
Lactaire délicieux (*Lactarius deliciosus*)	Sanguin, Vache rouge (en raison du lait orangé ou rouge)
Coprin chevelu (*Coprinus comatus*)	Escumelle, Goutte d'encre
Lactaire couleur de suie (*Lactarius ligniotus*)	Petit chocolat (fait référence à son chapeau d'un beau brun velouté)
Bolet comestible (*Boletus edulis*)	Cèpe (Synonyme de « champignon à tubes, bon comestible » ; d'autres Bolets sont aussi considérés comme des Cèpes, tel le Bolet élégant surnommé Cèpe des mélèzes.)

IMMANGEABLE, TOXIQUE ou MORTEL

Nom français (*nom latin*)	Nom commun
Bolet amer (*Tylopilus felleus*)	Imposteur (Parce qu'on le prend pour un Cèpe, il finit dans la poêle et ruine votre repas par son mauvais goût.)
Lactaire à lait jaune (*Lactarius chrysorheus*)	Lactaire omniprésent (Parce que ce beau champignon, à première vue appétissant, se trouve partout, mais sa saveur très âcre le rend insupportable.)
Gyromitre comestible (*Gyromitra esculenta*)	Fausse Morille

Nom français (*nom latin*)	Nom commun

IMMANGEABLE, TOXIQUE ou MORTEL (suite)

Nom français (*nom latin*)	Nom commun
Clitocybe lumineux (*Omphalotus olearius*)	Fausse Chanterelle, Jack-o'-lantern (Dans l'obscurité, les échantillons frais sont souvent mais pas toujours phosphorescents.)
Amanite vireuse (*Amanita virosa*)	Ange de la mort

BIZZAROÏDES

Nom français (*nom latin*)	Nom commun
Japanese-lantern slime (*Dictydium cancellatum*)	Lanterne japonaise
Wolf's-milk slime (*Lycogala epidendrum*)	Lait de loup
Cyathus striatus	Nid d'oiseau
Tremella mesenterica	Beurre de sorcière
Fomes fomentarius	Amadouvier allume-feu (« Parce qu'il servait autrefois d'amadou pour capter une étincelle d'un briquet à pierre ou du moulinet à feu grâce à sa chair desséchée et très inflammable » (*Flore des champignons au Québec et régions limitrophes.*)
Ganoderme tsugae	Champignon de l'immortalité (Au Japon et en Chine, selon de très anciennes croyances, ce champignon a des propriétés miraculeuses.)

Scène de sous-bois par soir de nuit sans lune

Dans nos bois,
Soir de nuit sans lune,
À la lueur des Lanternes japonaises
Un monde étrange dont nous ne soupçonnons pas l'existence vit.

Les Poules de bois cajolent et enjôlent les Meuniers,
Les Imposteurs et les Fausses Morilles.
Ils se racontent des histoires à dormir debout.

Les Nymphes de montagne, en compagnie de leurs galants Chevaliers,
Se gavent jusqu'au petit matin
De Petits chocolats,
De Beurre de sorcière sur Pain du diable*,
De Lait de loup et de Rosée des prés
Servis dans des Coupes de lutin*.

Les Vaches rouges
Jouent à Pied de mouton–Pied bleu
Avec les Satyres des chiens
Pendant que l'Ange de la mort,
Le Champignon de l'immortalité
Et son éminence le Lactaire omniprésent
Discutent d'éternité.

*Pain du diable : nom donné aux champignons par certains peuples.
*Coupe de lutin : champignon en forme de coupe (Pézize).

Les empoisonnements

La peur des champignons

Quand j'étais petite, mes parents allaient cueillir des champignons. De retour à la maison, ils tentaient d'identifier les espèces à l'aide de quelques livres. Afin de permettre une meilleure identification, ils effectuaient le test des sporées. Les chapeaux étaient donc laissés à eux-mêmes pendant plusieurs heures et même toute la nuit. Âgée de 9 ou 10 ans, j'avais très peur des champignons à cette époque. Le soir, lorsque j'allais me coucher, j'observais mes parents, assis autour de la table du salon, qui tentaient d'identifier les champignons. Sous les couvertures, dans mon petit lit, au fur et à mesure que je m'endormais, j'entendais mes parents lire des extraits sur les empoisonnements et les dangers de confusion : « Crampes abdominales aiguës, nausées, vomissements, diarrhées, maux de tête, convulsions, toxines mortelles, souffrances atroces, coma se terminant par la mort. » Discutaient-ils de recettes ? Mais de ma petite chambre rose au bout du corridor de notre maison du 13, rue Plamondon, je sombrais dans un sommeil tourmenté par des rêves remplis de champignons vénéneux ! Et si mes parents se trompaient dans leur identification ? La mort frapperait toute la famille ! Sombrant davantage dans les profondeurs du sommeil, j'imaginais – non je voyais – s'élever des chapeaux de champignons des vapeurs blanches, volatiles et mortelles. Tel un fantôme, ces vapeurs glissaient jusque dans nos chambres, se mêlaient à notre souffle et nous empoisonnaient. Évidemment, la lumière du matin effaçait toutes ces aventures nocturnes et, comme par magie, les champignons avaient aussi disparu de la table du salon !

Pendant cette même période, ma mère et sa sœur, qui passaient l'été au chalet, avaient trouvé dans la forêt un superbe champignon blanc qu'elles tentaient d'identifier. Le problème avec les champignons blancs est qu'il faut éviter de confondre l'Amanite vireuse, qui est mortelle, avec les bons spécimens comme l'Agaric champêtre, la Lépiote élevée et la Volvaire soyeuse. L'erreur est fatale. J'observe donc ma mère et ma tante qui décortiquent ce champignon en fouillant dans leurs livres. Verre de vin à la main, elles s'amusent et rigolent de plus en plus. Elles décident enfin de goûter à ce champignon pour le recracher ensuite, technique de dégustation utilisée par les mycologues. Mais de mon côté, je ne les ai pas vu recracher le champignon. À mes yeux, elles avaient mangé le spécimen. Les deux sœurs riaient de plus en plus fort en lisant les divers symptômes d'intoxication dont je me souvenais trop bien.

Je les observais, je les écoutais, attentive à toutes leurs réactions. Elles riaient de plus en plus fort, probablement à cause du vin et du fait d'être en bonne compagnie. Je les avais vu goûter à ce champignon blanc de malheur, et quand ma tante a énuméré les symptômes d'hallucinations, d'impression de légèreté et de fou rire, j'étais certaine qu'elles allaient mourir empoisonnées par ce champignon maudit ! Ma tante et ma mère ont bien bu et bien ri. Rien de grave ne s'est produit. La peur a fait en sorte que mon imagination de petite fille déforme la réalité.

Ma mère est décédée depuis – non pas à cause des champignons – et j'ai hérité de ses livres sur les champignons. Mais j'ai surtout hérité de sa curiosité pour ces plantes étranges. Ai-je appris à connaître les champignons afin de vaincre mes peurs face à ces étranges « créatures » ? On craint seulement ce que l'on ne connaît pas bien.

Les mystérieux champignons

Avez-vous remarqué que les champignons affichent toujours un air mystérieux ? On s'étonne toujours de les voir surgir du sol, là où il n'y avait rien la veille, tout d'un coup, sans raison apparente, comme s'ils venaient de nulle part, par magie ! Cette crainte qu'ils nous inspirent, est-elle innée ou apprise ? L'homme a-t-il toujours eu peur de ces plantes étranges ou est-ce à force d'accidents qu'il est venu à les craindre ? Les champignons peuvent être mortels ou délicieux, hallucinogènes ou guérisseurs. La peur et l'admiration que l'on ressent envers ces espèces démontrent qu'ils ne nous laissent pas indifférents. Du petit champignon anodin, qui se révèle être hallucinogène et qui fait voyager au-delà du réel, à la blanche Amanite porteuse de mort, en passant par les délicates Morilles, Cèpes, Truffes qui sont des délices pour les fines bouches (panoplie de formes, de couleurs, de saveurs et de parfums), les champignons ne nous laissent guère indifférents. Ils touchent notre imagination, que l'on soit mycologue, gastronome, artiste, scientiste ou simple marcheur en forêt.

On retrouve également des champignons à facettes multiples. Comestibles pour la plupart des gens, ils sont toxiques pour certaines personnes qui les tolèrent moins bien. Ces empoisonnements sont douloureux mais rarement fatals. Quoi qu'il en soit, les espèces toxiques et mortelles, même si elles sont minoritaires dans le monde des champignons, valent la peine d'être étudiées. La cueillette deviendrait sinon un jeu de roulette russe. En effet, tout cueilleur de champignons sauvages doit être conscient du danger que comporte cette activité et de sa responsabilité envers les personnes qui consomment les fruits de sa cueillette. Le débutant devra se contenter de cueillir et de servir seulement des espèces qu'il est certain d'avoir identifiées correctement. Toute espèce non identifiée avec 105 % de certitude ne devrait jamais être consommée et encore moins servie à des convives qui font confiance à vos talents de mycologue. Si vous désirez servir un plat préparé avec des champignons que vous croyez comestibles, imaginez-vous un instant comment vous vous sentiriez si par mégarde vos convives passaient une nuit entière à souffrir d'indigestion et de crampes.

Avant chaque nouvelle saison, relisez le chapitre sur les empoisonnements, question de ne pas oublier qu'ils existent et qu'ils font mal. Les espèces non identifiées devraient être mises de côté à des fins d'identification par un professionnel. Si vous ne connaissez pas de professionnel et que vous désirez réellement savoir ce que vous avez trouvé, notez vos observations, faites une sporée et prenez votre spécimen en photo. Vous pourrez ainsi faire identifier votre champignon lorsque vous en aurez la chance.

Les règles d'or

Toute personne qui mange des champignons doit les consommer avec parcimonie. Tous les champignons – même les meilleurs – sont difficiles à digérer.

Lorsque vous mangez une espèce pour la première fois, vous n'êtes pas à l'abri d'une réaction allergique. Il est donc sage de consommer de petites quantités et de voir l'effet que le champignon a sur vous.

Ne cueillez pas les espèces en mauvais état. Même s'il est comestible, un champignon peut devenir toxique s'il est trop vieux pour être mangé.

Si vous croyez être intoxiqué, consultez un centre antipoison ou rendez-vous à la clinique ou à l'hôpital le plus près de chez vous. Apportez, si possible, un échantillon ou un spécimen du champignon que vous avez mangé pour le faire identifier.

Bref, une dose de bon sens, la prudence et le doute, voilà les meilleurs moyens pour éviter toute complication et profiter des plaisirs de la cueillette de champignons.

Souvenez-vous que le doute est le condom du mycologue et que dans le doute, il faut s'abstenir !

Exemples de trois cas d'empoisonnement

Voici trois exemples de cas d'empoisonnement. Le premier m'a été rapporté par la personne qui a cueilli les champignons toxiques. Les deux autres sont des histoires que j'ai moi-même vécues. Les trois exemples soulèvent des questions et démontrent l'ambiguïté que causent les cas d'empoisonnement.

Premier cas

Une connaissance, qui cueille l'Armillaire couleur de miel depuis plusieurs années, donne une partie de sa récolte à des amis qui aiment la bonne chère. L'Armillaire couleur de miel est un champignon qui peut parfois causer des troubles gastro-intestinaux chez certaines personnes lorsqu'il n'est pas bien cuit. Le couple d'amis, ravi de ce présent, apprête les champignons, puis, soir de fête, les sert à leurs convives avec du champagne et de la mascarpone. Quelques heures après le repas, les trois invités souffrent d'une indigestion. Mais qu'est-ce qui a vraiment causé cette intoxication ? Le mélange de champagne et mascarpone à lui seul peut être la cause de l'indigestion. Les champignons sautés rapidement à feu vif ont-ils été assez cuits ? L'Armillaire couleur de miel est toxique lorsqu'elle n'est pas bien cuite. Les trois personnes peuvent-elles toutes être intolérantes aux champignons ?

Deuxième cas

Je prépare une dégustation de champignons sauvages pour six amis. Le menu comprend sept services : on déguste des Lactaires délicieux, des Armillaires couleur de miel, des Pleurotes tardifs, des Trompettes (Craterelles), des Cèpes, des Chanterelles ciboires, des Coprins chevelus et des Marasmes d'Oréade. Nous avons partagé un beau souper arrosé de bon vin. Le mari de l'une des invitées ne peut assister au repas ; je lui prépare donc une assiette et elle la lui apporte. Il mange du lapin aux Chanterelles et du fromage de chèvre aux Marasmes d'Oréade. Quelques heures plus tard, il souffre d'une indigestion. Pourtant, aucun autre invité n'a été malade. Que s'est-il passé ? Le repas s'est-il gâté par le transport ? (Le souper a eu lieu à la fin octobre et il faisait assez froid.) La personne souffrait-elle déjà d'un autre malaise ? Était-elle craintive par rapport aux champignons ? La peur a peut-être causé l'indigestion. Une réaction allergique à l'une des deux espèces consommées, lesquelles sont pourtant très sécuritaires, est également possible.

Troisième cas

Un jour, un ami avec qui j'avais déjà cueilli des Marasmes d'Oréade décide d'aller en cueillir d'autres sans moi. Tout heureux de sa belle et abondante récolte, il m'en donne une partie. En les nettoyant, je remarque des petits champignons bruns qui ne sont pas des Marasmes d'Oréade. J'appelle mon copain aussitôt pour lui dire de se méfier ; il a eu peur et a jeté toute sa récolte à la poubelle. De mon côté, j'ai gardé les champignons qu'il m'a donnés en éliminant les champignons suspects. Je les ai mangés et je n'ai ressenti aucun effet secondaire. Que serait-il advenu si mon ami avait gardé toute sa cueillette ou s'il l'avait partagée avec quelqu'un qui n'a aucune notion en mycologie ? Il en aurait déduit que les Marasmes d'Oréade sont toxiques parce qu'il n'aurait jamais su que sa récolte comptait d'autres espèces.

Les types d'intoxication

N.B. : Toutes les données scientifiques consignées entre les pages 77 et 86 sont tirées du livre *Champignons vénéneux et nocifs du Canada*, sauf les mentions précédées d'un *.

Voici une liste des types d'intoxication, des symptômes qui y sont reliés et des espèces responsables. Les intoxications sont énumérées par ordre de gravité en commençant par les moins graves mais les plus fréquentes.

Intoxication de type résinoïdien ou gastro-intestinale ;

Intoxication coprinienne ;

Intoxication psilocybienne ;

Intoxication muscarinique (acide iboténique, muscimol) ;

Intoxication gyromitrienne ;

Intoxication phalloïdienne (toxines mortelles).

* Le Centre antipoison de l'hôpital Sainte-Justine note que le taux de mortalité d'un empoisonnement de type phalloïdien s'élève à 50 %. Pour les empoisonnements gyromitriens, le taux de mortalité se situe entre 2 % et 4 %. Le taux de mortalité est très faible pour les autres types d'empoisonnements ; leurs symptômes ne sont pas moins douloureux pour autant.

Intoxication de type résinoïdien ou gastro-intestinale

Les troubles gastro-intestinaux et les manifestations dues à l'hypersensibilité sont probablement les effets nocifs les plus fréquents des champignons. Les symptômes apparaissent entre 15 minutes et 4 heures après l'ingestion des champignons. La nausée et la diarrhée, parfois accompagnées de vomissements et de crampes abdominales, sont les symptômes les plus fréquents. Ces symptômes disparaissent généralement quand on a l'estomac vide ; il ne reste alors aux victimes qu'un mauvais souvenir de ce repas. Ces intoxications sont de gravité variable et les décès sont rares, à moins que la santé de la victime d'empoisonnement ne soit déjà très fragile. Cependant, « certaines espèces provoquent une intoxication si grave que la convalescence peut durer plusieurs jours. On a signalé que l'Entolome livide (*Entoloma lividum*) cause des lésions au foie. »

Champignons susceptibles de causer des intoxications gastro-intestinales

Agaricus placomyces (*meleagris*) : Psalliote à chapeau plat, rare.

Agaricus silvicola : Psalliote des bois, excellent, occasionnel.

Clitocybe nebularis : Clitocybe nébuleux, comestible, un peu suspect, rare.

Entoloma lividum ou sinuatum : Entolome livide ou sinué, dangereux, assez rare.

Gomphus floccosus : Chanterelle à flocons, bon comestible, indigeste, commun.

Lepiota badhami : Lépiote de Badham, comestible après cuisson, rare.

Lepiota naucina : Lépiote lisse, très bon comestible, assez commun.

Laetiporus sulphureus : Polypore sulfureux, comestible, rare.

Lepiota molybdites : Lépiote de Morgan, vénéneux. Pousse dans les jardins, sur les pelouses et dans les champs. Inconnu au Québec mais signalé en Ontario. Pourrait être confondu avec la Lépiote élevée.

Morchella esculenta : Et autres Morilles, excellent, ne pas manger cru.

Omphalotus olearius : Clitocybe nébuleux, vénéneux, occasionnel au sud du Québec.

Pholiota squarrosa : Pholiote écailleuse, suspect, commun.

Paxillus involutus : Paxille enroulé, très dangereux, très commun.

Ramaria formosa : Clavaire ou Ramaire élégante, toxique, commun.

Ramaria aurea : Clavaire ou Ramaire dorée, comestible acceptable lorsque jeune, commun.

Tricholoma pessundatum : Tricholome ruiné, comestible médiocre, rare.

Tricholoma sejunctum : Tricholome disjoint, comestible désagréable, commun.

Tylopilus eximiun : Bolet distingué, bon comestible, assez fréquent.

Intoxication coprinienne

Sans conséquence grave mais extrêmement désagréable, l'intoxication coprinienne est causée par une réaction de la coprine combinée à l'alcool. Chez certains individus, les symptômes apparaissent très rapidement. La réaction alcool-coprine est semblable à celle provoquée par le médicament Antabuse (Disulfirame) que l'on donne aux alcooliques pour leur enlever le goût de l'alcool. Les symptômes « (…) débutent par une légère élévation sanguine, accompagnée de rougeurs marquées au visage. Le pouls atteint parfois 140 battements à la minute et la victime peut souffrir de violents maux de tête. Ces réactions durent une quinzaine de minutes, après quoi la pression sanguine diminue, la victime se sent faible, étourdie et prise de nausée. Il y a habituellement des vomissements et même des évanouissements. » En plus du Coprin noir d'encre (*Coprinus atramentarius*), le Clitocybe à pied renflé (*Clitocybe clavipes*) peut également causer les mêmes symptômes. Tout compte fait, ces deux espèces comestibles ne sont pourtant pas très savoureuses et il vaut mieux les éviter.

Intoxication psilocybienne

« Les effets d'euphorie (souvent recherchés) causés par l'ingestion de ce type de champignon sont considérés comme des intoxications parce qu'ils entraînent parfois des effets très dangereux, notamment pour les jeunes enfants qui ingèrent les espèces par accident. Les symptômes de l'intoxication dépendent de plusieurs facteurs : la façon dont les champignons sont ingérés (frais et crus, crus et séchés, fumés, cuits, etc.) ; si l'estomac est vide ou non avant l'ingestion ; la quantité ingérée ; la quantité de substances hallucinogènes contenues dans les champignons et l'état d'esprit de la victime. Habituellement, les premiers symptômes apparaissent entre 15 et 30 minutes après l'ingestion et peuvent persister entre

4 et 12 heures. Contrairement à la croyance populaire, certains des symptômes peuvent être très désagréables : étourdissements, vertiges, malaises abdominaux et nausées, faiblesse, frissons, angoisse et engourdissement des lèvres. Ces symptômes sont suivis de troubles visuels : vision floue, couleurs plus vives, images consécutives persistantes, perception d'images lorsque les yeux sont fermés et acuité auditive accrue. Les facultés de concentration et d'attention de la victime sont diminuées et cette dernière est aux prises avec des sentiments d'irréalité et de dépersonnalisation. De plus, elle manque de coordination et son élocution est hésitante.

« Ensuite, les troubles visuels augmentent davantage, les surfaces ondulent, la perception des distances est altérée, l'euphorie apparaît, le temps semble ralentir. Trois à quatre heures plus tard, les symptômes disparaissent et la victime retrouve son état normal. Elle pourra cependant avoir mal à la tête et être fatiguée ; parfois, elle ressentira des picotements de la peau, aura de la difficulté à respirer et notera une baisse d'appétit. » On retrouve des espèces hallucinogènes parmi les Conocybes, les Panéoles, les Psilocybes, les Strophaires et les Gymnopiles. La plupart des champignons hallucinogènes sont des PCB ; ils sont donc difficiles à identifier et, bien souvent, on ne les retrouve pas dans les guides d'identification.

Intoxication muscarinique

Les intoxications par la muscarine ne sont pas causées par l'Amanite tue-mouches (*Amanita muscaria*) qui contient très peu de muscarine et dont les empoisonnements sont plutôt dus à l'acide iboténique. Cependant, plusieurs Clitocybes et Inocybes contiennent de la muscarine. Certaines de ces espèces peuvent être confondues avec des espèces comestibles. La muscarine reste stable même après une cuisson prolongée. Les symptômes de l'intoxication muscarinique surviennent une demi-heure, deux heures voire même trois heures après l'ingestion. La victime ressent alors des nausées et des douleurs abdominales avec coliques, et ces symptômes peuvent être accompagnés de vomissements et de diarrhées. Toutefois, l'intoxication par la muscarine est surtout caractérisée par des sécrétions abondantes, tels la sueur, la salivation, le larmoiement et l'écoulement nasal. Outre ces symptômes, on remarque des troubles visuels, une sensation de chaleur, de l'angoisse et des troubles respiratoires. Les symptômes disparaissent après quelques heures et les décès sont très rares.

Champignons susceptibles de produire ces symptômes

Amanita muscaria : Amanite tue-mouches, vénéneux, cosmopolite, très commun.

Amanita pantherina : Amanite panthère, vénéneux, cosmopolite, assez rare. Il est possible de rencontrer plus fréquemment des Amanites brunes qui sont également toxiques.

Amanita gemmata : Amanite gemmée, suspect. Cosmopolite, fréquent.

Clitocybe dealbata : Clitocybe morbifère ou sudorifère, vénéneux. Fréquent dans les prés, dans les pâturages, sur les pelouses et dans d'autres lieux dégagés en été et en automne où pousse également le Marasme d'Oréade (excellent comestible).

Clitocybe rivulosa : Clitocybe ruvileux, vénéneux. Fréquent dans les bois clairs, les plantations ou le long des routes, parmi les herbes ou les aiguilles.

Clitocybe candicans : Clitocybe blanc pur, suspect, cosmopolite et fréquent.

Clitocybe truncicola : Clitocybe des troncs, suspect, occasionnel.

Clitocybe cerussata : Clitocybe blanc de plomb, vénéneux, rare.

Inocybe fastigiata : Inocybe fastigié ou conique, vénéneux, fréquent.

Inocybe geophylla : Inocybe à feuillets terreux, vénéneux, occasionnel.

Inocybe lacera : Inocybe lacéré, vénéneux, assez commun.

Inocybe napipes : Inocybe à pied bulbeux, vénéneux, rare.

Inocybe eutheles : Inocybe fécond, vénéneux, occasionnel.

Mycène pura : Mycène pure, suspect, commun.

Omphallotus illudens ou *olearius* : Clitocybe de l'olivier ou Clitocybe lumineux, vénéneux, occasionnel.

Russula emetica : Russule émétique, à rejeter, assez fréquent.

Intoxication à l'acide iboténique, muscimol

Ce type d'intoxication est causé par l'*Amanita muscaria*, l'*Amanita gemmata*, l'*Amanita frostiana*, l'*Amanita crenulata*, l'*Amanita cothurnata*, l'*Amanita porphyria* et l'*Amanita citrina*.

Les symptômes apparaissent entre 30 minutes et deux heures après l'ingestion. Les personnes intoxiquées ressentent des vertiges ou une sorte d'ivresse. Des mouvements incoercibles, une agitation plus ou moins délirante, des crampes musculaires et des spasmes peuvent se produire. Ces symptômes s'accompagnent de troubles visuels, d'hallucinations euphoriques ou angoissantes dont les formes et les tendances varient selon les individus et autres circonstances. Parfois, l'intoxication se termine par des nausées et des vomissements ou par un sommeil profond et agité qui porte à la divagation, à la rêverie. On note également l'agitation délirante, le rire, la danse, la macroscopie (c'est-à-dire que les petits objets apparaissent très gros, et les gros, très petits, comme dans *Alice au pays des merveilles* lorsque l'héroïne mange le champignon et devient soudainement très grande et très petite) et autres effets, suivis de stupeur et d'une sorte de léthargie.

Amanita muscaria : Amanite tue-mouches, vénéneux, cosmopolite et très commun.

Amanita gemmata : Amanite gemmée, suspect, cosmopolite et fréquent (synonyme de *Amanita crenulata* et *Amanita cothurnata*).

Amanita frostiana : Amanite de Frost, suspect, occasionnel.

Amanita porphyria : Amanite porphyre, suspect, fréquent.

Amanita citrina : Amanite citrine, suspect, à saveur désagréable, fréquent.

Intoxication gyromitrienne

Les symptômes apparaissent entre 7 et 10 heures après l'ingestion et débutent par des nausées et des vomissements. La victime se sent ballonnée et a une diarrhée liquide ou même sanguinolente. Elle ressent également des crampes musculaires ainsi que des douleurs abdominales. Dans les cas graves, on peut aussi observer des troubles hépatiques, de l'ictère, une forte fièvre, des vertiges, une perte de coordination et des convulsions. La mort peut survenir entre deux et quatre jours après l'ingestion dans les cas très graves.

Parce que les symptômes sont graves et qu'ils peuvent même causer la mort, je vous recommande fortement de ne pas consommer de Gyromitres ainsi que les espèces apparentées comme les Helvelles qui sont également suspectes. Consulter la description des Gyromitres à la page 148.

Les toxines mortelles : les empoisonnements phalloïdiens

Les intoxications par les Amatoxines sont vraisemblablement les plus sérieuses : les victimes ont peu de chance de s'en sortir. Sans l'aide d'un médecin – même si on lui prodigue des soins particuliers – le patient risque de mourir. Il n'existe pas d'antidote pour ce type d'empoisonnement. Les intoxications par les Amatoxines « ont un effet sur la première étape de l'expression des gènes, la synthèse d'un groupe de molécules biologiques importantes connues sous le nom d'acide ribonucléique messager (ARNm). Les cellules finissent par ne plus synthétiser les protéines et, en l'absence des multiples protéines (dont plusieurs sont des enzymes elles-mêmes) qu'elles contiennent normalement, elles cessent toutes activités. »

Les premiers symptômes apparaissent entre 5 et 12 heures après l'ingestion, mais le plus souvent, la victime doit attendre plusieurs heures avant de se rendre compte que quelque chose ne va pas. Cette dernière est accablée par des vomissements violents et incessants, une diarrhée tenace et une douleur abdominale intense qui peuvent être accompagnés de crampes dans les pieds et les jambes. Si la victime survit aux premiers symptômes, il y a parfois une période d'amélioration apparente mais de courte durée. Par la suite, le foie est gravement atteint : c'est le choc de déshydratation et la nécrose hépatique (mort du foie). Si, encore une fois, la victime passe au travers de cette étape, les Amatoxines s'attaquent directement aux cellules des tubules rénaux et causent leur destruction. Bref, après 7 à 12 jours de souffrances atroces, la victime entre dans le coma puis meurt.

Ceci va entièrement à l'encontre de toutes les croyances populaires qui soutiennent que les empoisonnements aux champignons sont soudains et que le patient meurt immédiatement après avoir pris une bouchée. Une annonce de la revue *Actualité*, qui vante les mérites de la technologie Polaroïd, illustre parfaitement cet exemple : « 13 h 31. Tout à l'heure, Hugo Blondin faisait une randonnée en forêt. Maintenant son organisme lutte pour la vie. Bien qu'il soit un spécialiste des champignons, il a commis une tragique erreur, de toute évidence, car après une bouchée, il est devenu tout pâle et s'est effondré. » Ce récit n'est pas très réaliste. L'histoire de Claude Ier que vous lirez plus loin est beaucoup plus crédible !

Il est également faux de croire que seul le trio des Amanites contient des toxines mortelles. L'*Amanita bisporigera*, l'*Amanita virosa* et l'*Amanita phalloides* contiennent des toxines mortelles tout comme le *Cortinarius semisanguineus* (un très beau champignon au chapeau jaune safrané et aux lamelles rouge foncé), le *Cortinarius gentilis* (rare au Québec), la *Galerina automnalis* (fréquent partout au Québec) et la *Galerina marginata*. Méfions-nous aussi des petites Lépiotes brunes qui sont très dangereuses mais rares au Québec.

Amanita bisporigera : Amanite bisporigère, vénéneux, mortel. Se trouve occasionnellement dans les forêts de feuillus et de mêlées, en été et en automne.

Amanita virosa : Amanite vireuse, vénéneux, mortel. Fréquent dans les bois de feuillus et de mêlées dans le sud du Québec.

Amanita phalloides : Amanite phalloïde. Jamais rencontré au Québec à ce jour ; comme on le rencontre occasionnellement dans l'est des États-Unis, il serait possible d'en apercevoir au Québec.

Cortinarius semisanguineus[1] : Cortinaire semi-sanguin, dangereux, fréquent. Un beau champignon aux lamelles rouges dont il faut se méfier.

Cortinarius gentilis[1] : Cortinaire gentil, vénéneux et mortel, rare au Québec.

Galerina automnalis : Galerine automnale, vénéneux, fréquent. Croît partout au Québec sur les troncs pourris de conifères.

Galerina marginata : Galérine marginée, vénéneux, mortel, fréquent partout au Québec sur les souches moussues de conifères, parfois au sol.

Hypoloma fasciculare[1] : Hypolome en touffes, dangereux, occasionnel dans le sud du Québec sur les souches et les troncs pourris de feuillus et de conifères, du printemps à l'automne. Chapeau jaune citron, lamelles vertes, saveur amère.

1. Contient des toxines inconnues.

L'histoire vraie d'un empoisonnement célèbre

Pour ceux qui croiraient que les champignons toxiques goûtent très mauvais, voici une petite histoire vraie. Les empoisonnements, accidentels ou intentionnels, causés par le « célèbre trio des Amanites mortelles » laissent leur marque dans l'histoire et dans l'imagination de l'homme.

L'empereur romain Claude Ier (54 av. J.-C.) est un bon vivant qui raffole, entre autres délicatesses gourmandes, des Amanites des Césars. Sa charmante épouse Agrippine avait un fils, Néron, qui avait hâte d'accéder au trône occupé par Claude Ier. Agrippine, qui ne refuse jamais rien à son fils adoré, fait venir Locuste, l'empoisonneuse officielle, pour lui demander conseil.

À l'occasion d'un grand banquet organisé en l'honneur de Claude Ier, Locuste cueille les champignons préférés de l'empereur en prenant soin d'y glisser quelques Amanites phalloïdes, tandis qu'Agrippine s'occupe de faire servir à son mari un mets d'une telle délicatesse que lui seul a le privilège de le savourer. Claude Ier, heureux de cet honneur et soucieux de ne pas gaspiller un tel festin, mange tout et redemande une deuxième assiette. Rassasié, il monte à sa chambre et s'endort. Pendant la nuit, le champignon maléfique commence imperceptiblement à opérer son dessein destructeur. Au petit matin, l'empereur se sent quelque peu incommodé. Il se dit que c'est sûrement à cause du repas bien arrosé de la veille et la fête qui avait suivi.

Au fur et à mesure que les heures s'écoulent, et malgré les tisanes pour l'aider à digérer, Claude Ier commence à se sentir mal. Bientôt, des crampes atroces le font se tortiller de douleur et rendre ses tripes. Soulagé, l'empereur se rendort, mais tout à coup, il se réveille tout en sueur, il frissonne et les crampes reprennent de plus belle. Les jours s'envolent et malgré les souffrances qu'il doit endurer, Claude Ier vit toujours. Agrippine, inquiète, se demande s'il aura le mauvais goût de survivre ! Néron, impatient, continue de la harceler en lui demandant sans cesse à quel moment il pourra prendre le pouvoir.

Dans de telles circonstances, seule Locuste peut répondre aux questions de Néron et le rassurer. Pleine de ressources et de bonnes idées, elle concocte une potion miraculeuse à base d'Amanite phalloïde qu'elle propose aux médecins de la cour en leur expliquant que c'est un remède miracle. Leur médecine traditionnelle restant jusqu'alors inefficace, les médecins impuissants commencent à craindre d'être privés de leur position privilégiée. Ils sont prêts à essayer n'importe quoi pour ne pas perdre leur réputation ; ils administrent donc une double dose du nouveau remède à l'empereur. Pauvre empereur : il ne s'en remettra jamais. Comme le raconte si bien l'histoire, Néron a bel et bien accédé au trône. Les médecins ayant participé innocemment à son ascension sont restés à l'emploi de Néron, mais ils n'ont jamais compris pourquoi.

Autres faits sur les empoisonnements

Causes des empoisonnements : Rapport du Bulletin épidémiologique hebdomadaire (BEH), expérience du Centre antipoison de Marseille en 1994 et 1998.

Aucune identification : 70,9 % des cas

La plupart des empoisonnements sont dus à des erreurs d'identification de la part des amateurs voire même à l'omission d'identifier les espèces. On entend souvent dans notre entourage des phrases comme : « J'ai cueilli tout ce que j'ai trouvé », « Je n'y connais rien, mais je sais qu'il n'y a pas d'espèces toxiques dans notre région », « Je n'ai pas reconnu les espèces, alors je les ai fait cuire longtemps » ou « Ils avaient l'air bon, ils sentaient bon, ils ressemblaient à ceux qu'on achète en magasin. » En réalité, ces trois descriptions conviendraient parfaitement à l'Amanite vireuse, poison mortel.

Intolérance : 16 % des cas rapportés

De nombreux cas d'empoisonnements (16 %) sont provoqués par une intolérance à certains champignons comestibles ou surviennent après un copieux repas bien arrosé. Une indigestion ? Certes, les champignons ne sont pas toujours la cause de ces empoisonnements.

Accidents domestiques : 11,2 % des cas rapportés

Un faible pourcentage (11,2 %) des intoxications est causé par des accidents domestiques. L'exemple le plus fréquent : des enfants très jeunes, âgés entre 0 et 5 ans, qui mangent des espèces poussant dans le jardin ou sur le gazon.

Autres causes : 1,9 % des cas rapportés

Les autres cas d'empoisonnements (1,9 %) sont reliés soit à des erreurs commises par les commerçants, soit à la toxicomanie ou aux tentatives de suicide. On ajoute que « aucun cas d'empoisonnement n'est dû à des erreurs de mycologues expérimentés ».

Types d'empoisonnement

Hypersensibilité : 80 % à 90 % des cas rapportés

Bien des empoisonnements sont de type résinoïdien qui est caractérisé par des troubles digestifs (vomissements, diarrhées). Cette intoxication, généralement sans conséquence grave, est causée par une hypersensibilité qu'ont certaines personnes à consommer diverses espèces.

Muscarine : 5 % à 10 % des cas rapportés

Les empoisonnements par la muscarine sont peu fréquents et rarement mortels.

Autres types : 5 % des cas rapportés

Groupées, les intoxications atropinique, psylocibienne, coprinienne et phalloïdienne comptent pour 5 % des cas.

On a élaboré cette étude pour la France, mais il est permis d'extrapoler ces résultats pour le Québec.

Intoxications au Québec

Certaines espèces responsables des intoxications en Europe comme le Pleurote de l'olivier (confondu avec la Chanterelle), le Bolet de Satan ainsi que l'Amanite phalloïde sont très rares au Québec ; on les mentionne dans les ouvrages d'identification parce qu'il n'est toutefois pas impossible de les retrouver dans les régions québécoises. Il est intéressant de noter que « la majorité des accidents graves reliés à l'ingestion de champignons en Amérique du Nord survient chez des mycologues amateurs lors de cueillettes en forêt. De plus, dans la plupart des cas, il s'agit de visiteurs ou de citoyens d'origine étrangère qui croient reconnaître des champignons comestibles de leur pays d'origine. » (Bulletin d'information toxicologique)

Au Québec, il faut absolument se méfier des Amanites blanches mortelles qui sont fréquentes dans nos forêts en août et septembre, de l'Entolome livide, du Paxille enroulé, de l'Amanite tue-mouches, du Cortinaire semi-sanguin, de la Galérine automnale (mortelle tout comme le trio des Amanites) et du Gyromitre encore perçu comme comestible par certains. Il faut également faire attention aux enfants qui se mettent tout dans la bouche. Ils ingurgitent souvent des champignons toxiques par accident.

Voici les statistiques de 1998 du Centre antipoison du Québec sur les empoisonnements par les champignons sauvages :

- Nombre total des cas répertoriés : 491 ;
- 68 % des victimes étaient âgées entre 0 et 5 ans ;
- 6,7 % des victimes étaient âgées entre 6 et 15 ans ;
- 9,6 % des victimes étaient âgées entre 16 et 45 ans ;
- Empoisonnement par le Gyromitre : aucun cas répertorié ;
- Empoisonnement par l'Amanite vireuse : 4 cas répertoriés, aucun décès.

Les fausses croyances

Voici quelques fausses vérités que l'on véhicule sur les champignons et leur comestibilité :

Une pièce d'argent noircit à la cuisson lorsqu'elle est en contact avec une substance toxique. **Faux**. Rien de plus faux puisqu'elle ne noircit pas si on la fait cuire avec les champignons les plus toxiques qui soient tels l'Amanite vireuse et ses dérivés l'Amanite printanière, l'Amanite bisporigène et l'Amanite phalloïde.

Peler un champignon lui enlève ses éléments toxiques. **Faux**. Un champignon toxique est toxique en lui-même : le pied, le chapeau, la chair, la cuticule. Le fait qu'on puisse peler notre champignon de Paris et que celui-ci soit comestible s'applique à ce champignon seulement ; cela n'est pas une règle générale.

Faire cuire ou bouillir un champignon longtemps lui enlève ses toxines. **Faux**. Cette affirmation s'applique à quelques espèces qu'il ne faut pas consommer crues. Ce n'est pas une règle générale. L'Amanite vireuse, l'Entolome livide, le Cortinaire semi-sanguin, par exemple, peuvent cuire pendant des heures et ils seront encore toxiques.

Seuls les champignons qui ont un parfum agréable et une saveur douce ne sont pas toxiques. **Faux**. L'Amanite vireuse ainsi que l'Entolome livide n'ont pas un parfum désagréable ni une saveur exécrable et ils sont toxiques. Qu'on les mange seuls ou mélangés à d'autres espèces, rien ne nous prévient du danger de consommer ces champignons.

Les champignons qui bleuissent ou noircissent à la cassure sont toxiques. **Faux**.

Plusieurs Bolets, dont le Bolet bleuissant, changent de couleur et ne sont absolument pas toxiques ni crus ni cuits. Le changement de couleur est un critère d'identification fiable, mais pas un critère de comestibilité.

Si un insecte, une limace ou un écureuil mange le champignon, cela signifie qu'il est comestible pour les humains. **Faux**. Nous n'avons pas le même système digestif que les animaux et les insectes.

La méthode incontestable d'identification des champignons se fait grâce à des caractères distincts. Dans cette deuxième partie, les principaux genres sont décrits avec leurs principales caractéristiques.

Les différentes espèces

Clé des groupes

La forme générale du champignon est un des premiers critères à déterminer lors de leur identification. Tout d'abord, le champignon peut prendre la forme d'un parasol ou d'un éventail. Il peut avoir un pied ou bien en être dépourvu (Illustration 19). Ensuite, le champignon peut se présenter sous une forme autre : coupe, massue, chou-fleur, arbuste, boule, etc. (Illustration 20).

La première catégorie de champignons peut se diviser en quatre groupes : (Illustration 19)

- Les champignons à lamelles (a.) ;
- Les champignons à tubes (b.) ;
- Les champignons à plis plus ou moins prononcés (c.) ;
- Les champignons à aiguillons (d.).

Dans la deuxième catégorie, on retrouve des champignons à formes variées, sans chapeau véritable :

- Les champignons en forme de coupe, avec ou sans pied : les Pézizes (a.) ;
- Les champignons à surface irrégulière, en forme d'alvéole : les Morilles, les Gyromitres, les Helvelles (b.) ;
- Les champignons en forme de massue ou de chou-fleur : les Clavaires, les Ramaires (c.) ;
- Les champignons gélatineux, en forme d'oreille : les Oreilles de Judas (d.) ;
- Les champignons en forme phallique, à odeur cadavérique : les Phalles (e.) ;
- Les champignons en forme de boule : les Vesses-de-loup, les Géastres (f.).

Mise en garde

Dans cette section, je vous parle des divers genres que l'on rencontre régulièrement lors de cueillettes ; j'énumère les principales caractéristiques de chacun d'entre eux, ce qui vous aidera à les reconnaître sur le terrain. C'est donc, pour vous, un premier pas vers l'identification. Pour chaque genre, je décris les espèces les plus intéressantes ou les plus populaires. Néanmoins, les quelques commentaires apportés sur les espèces ne sont pas suffisants pour les identifier. Afin de bien identifier chaque genre, vous devrez consulter un guide d'identification qui en donne une description complète.

Illustration 19

Les formes générales du champignon

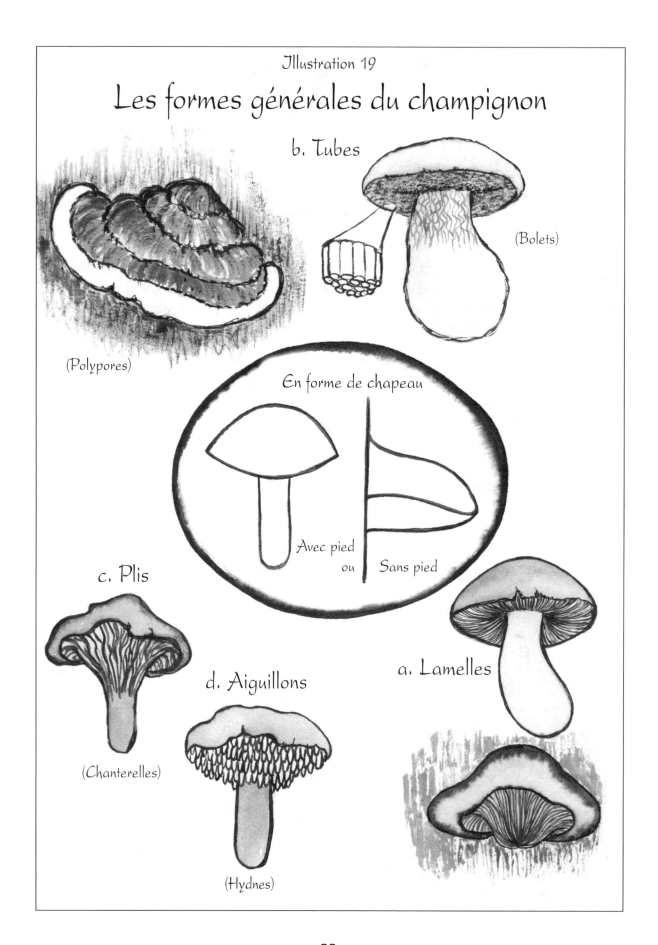

b. Tubes

(Bolets)

(Polypores)

En forme de chapeau

Avec pied

ou

Sans pied

c. Plis

(Chanterelles)

d. Aiguillons

a. Lamelles

(Hydnes)

Illustration 20

Les autres formes du champignon

a. Coupe

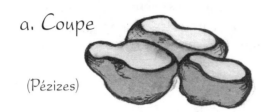

(Pézizes)

b. Alvéoles

Surface irrégulière

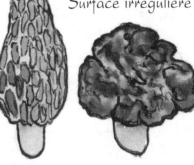

(Morilles)   (Gyromitres)

f. Boules

(Vesses-de-loup)

c. Massue, chou-fleur

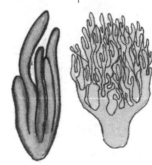

(Clavaires)   (Ramaires)

Sans chapeau véritable

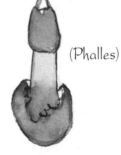

(Phalles)

e. Phallique

d. En forme d'oreille

(Oreilles de Judas)

Les champignons à lamelles

Les champignons à lamelles forment un ensemble complexe qui compte de nombreux genres. C'est dans cette catégorie de champignons que l'on retrouve les espèces les plus dangereuses, entre autres les Amanites mortelles. Le débutant doit donc se familiariser avec les champignons à lamelles, c'est-à-dire bien en apprendre les rudiments avant de consommer les espèces.

Les champignons à tubes

Quoique moins imposant que le premier groupe, les champignons à tubes occupent une part importante de la flore mycologique et constituent un apport important pour le panier du mycologue amateur. Ce groupe ne comporte pas d'espèces toxiques ou mortelles, mais certains champignons sont indigestes ou immangeables. Le Bolet Satan, dont on parle dans les volumes européens, n'a jamais été récolté en Amérique du Nord. Le Bolet amer, que l'on retrouve fréquemment au Québec, est immangeable à cause de son goût âcre. Les champignons à tubes forment un groupe intéressant avec lequel l'amateur peut expérimenter sans danger. Cependant, n'oubliez pas que ce groupe peut englober des espèces indigestes. Il vaut mieux bien connaître les champignons que vous mettez dans votre assiette et identifier chaque espèce avant de les consommer. Quant aux Polypores, ces champignons familiers sont en général immangeables à cause de leur texture coriace comme du bois.

Les champignons à plis

Les Chanterelles et les Craterelles font partie d'un petit groupe des champignons à plis qui comprend une douzaine d'espèces.

Ces espèces n'ont pas de lamelles véritables, mais leur surface fertile est plus ou moins ridée. Ce groupe n'englobe pas de champignons toxiques ou mortels, à l'exception de la Chanterelle à flocons (*Gomphus floccosus*), laquelle s'avère parfois laxative et indigeste. Parmi les champignons à plis, on retrouve des espèces très recherchées des mycologues gastronomes : la Chanterelle ciboire (*Cantharellus cibarius*) et la Trompette de la mort (*Craterellus fallax*). Notez que la Chanterelle ombonée (Clitocybe ombonée ou *Cantharellula umbonata*) et la Chanterelle orangée (Clitocybe orangé ou *Hygrophoropsis aurantiaca*) ne sont pas des Chanterelles. Elles s'apparentent plutôt au genre Clitocybe à cause des lamelles véritables. Dans le langage commun, on les appelle encore des Chanterelles.

Les champignons à aiguillons

Les champignons dont la surface fertile est recouverte de dents ou d'aiguillons se classent parmi les Hydnes. C'est un groupe qui compte environ quarante espèces ; aucune n'est toxique. Cette catégorie de champignons comprend quelques espèces charnues qui sont plutôt de bons comestibles (Hydne imbriqué, *Hydnum repandum*). Les Hydne corail et Hydne tête d'ours sont deux espèces composées de rameaux entrelacés pourvus d'aiguillons qui poussent sur les arbres morts ou vivants. Ils préfèrent les hêtres, les érables, les ormes ou les frênes et poussent en été ou en automne. Il existe d'autres Hydnes qui poussent au sol, mais ils sont réellement trop coriaces pour la consommation. Ces champignons ressemblent davantage à des Polypores en raison de leur texture coriace et leur chapeau qui croît indéfiniment.

Les autres groupes (Illustration 20)

- Les Pézizes (a.) ;
- Les Morilles, Gyromitres et Helvelles (b.) ;
- Les Clavaires et Ramaires (c.) ;
- Les Oreilles de Judas (d.) ;
- Les Phalles (e.) ;
- Les Vesses-de-loup et Géastres (f.).

Dans ce groupe, on retrouve des champignons aux formes variées. Du point de vue gastronomique, certaines espèces méritent une attention particulière comme les Morilles, les Oreilles de Judas, quelques Clavaires et les Vesses-de-Loup. Les autres champignons sont des fantaisies de la nature qu'il est intéressant de regarder et connaître.

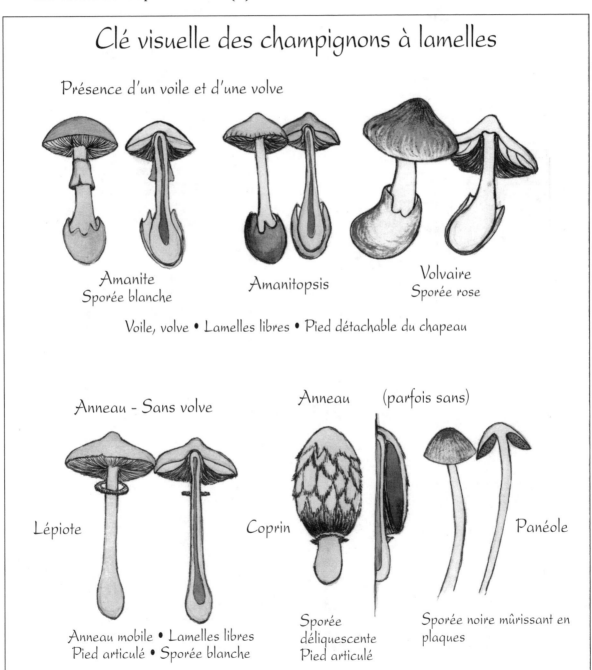

Clé visuelle des champignons à lamelles

Présence d'un voile et d'une volve

Amanite
Sporée blanche

Amanitopsis

Volvaire
Sporée rose

Voile, volve • Lamelles libres • Pied détachable du chapeau

Anneau - Sans volve

Anneau

(parfois sans)

Lépiote

Coprin

Panéole

Anneau mobile • Lamelles libres
Pied articulé • Sporée blanche

Sporée
déliquescente
Pied articulé

Sporée noire mûrissant en plaques

Présence d'un anneau ou d'un voile

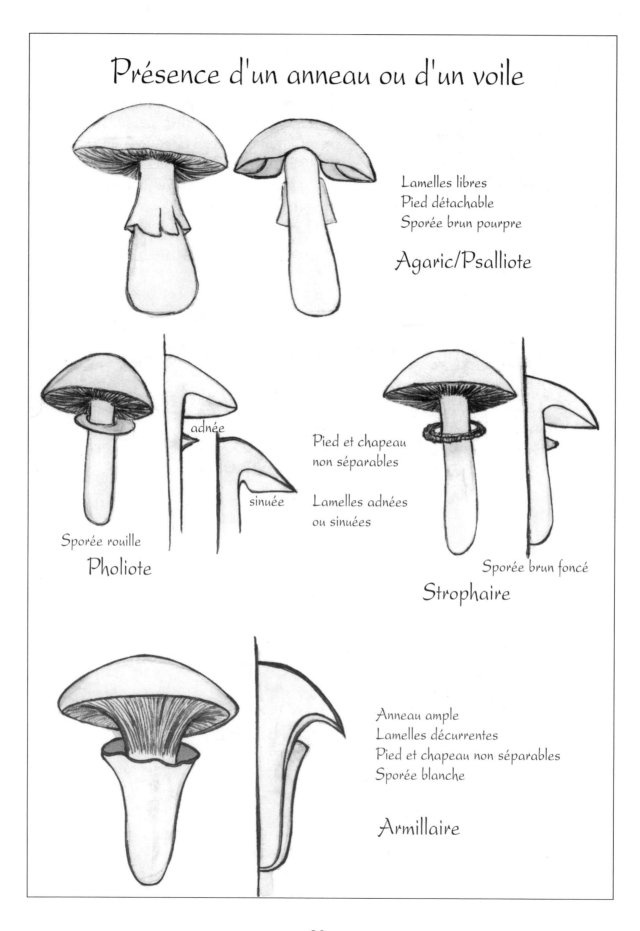

Lamelles libres
Pied détachable
Sporée brun pourpre

Agaric/Psalliote

adnée

sinuée

Sporée rouille
Pholiote

Pied et chapeau
non séparables

Lamelles adnées
ou sinuées

Sporée brun foncé
Strophaire

Anneau ample
Lamelles décurrentes
Pied et chapeau non séparables
Sporée blanche

Armillaire

Sans anneau ni volve

Pied nul ou excentrique
Sporée blanche ou lilas
Lignicole

Pleurote

Sans anneau ni volve
Pied central et non séparable du chapeau
Lamelles adnées

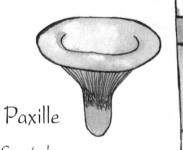

Paxille

Sporée brune
Lamelles se détachant à la pression du doigt

Lamelles épaisses,
non ramifiées

Sporée blanche
Hygrophore

Sporée noire
Gomphide

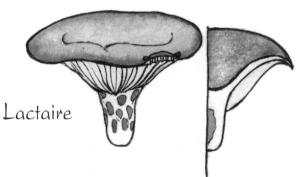

Lactaire

Chair cassante produisant un lait
Sporée blanche-crème-rosâtre

Cuticule qui se pèle

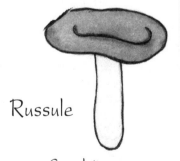

Russule

Sans lait
Lamelles minces
Chair cassante
Sporée blanche ou crème-ocré

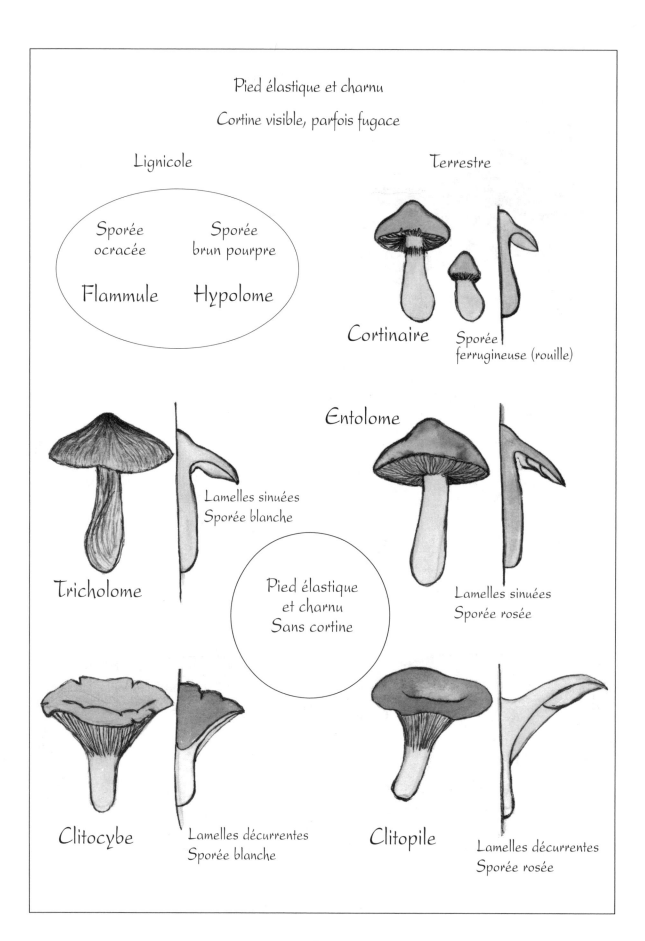

Pied élastique et charnu

Cortine visible, parfois fugace

Lignicole

Terrestre

Sporée
ocracée

Sporée
brun pourpre

Flammule

Hypolome

Cortinaire

Sporée
ferrugineuse (rouille)

Entolome

Lamelles sinuées
Sporée blanche

Tricholome

Pied élastique
et charnu
Sans cortine

Lamelles sinuées
Sporée rosée

Lamelles décurrentes
Sporée blanche

Clitocybe

Clitopile

Lamelles décurrentes
Sporée rosée

94

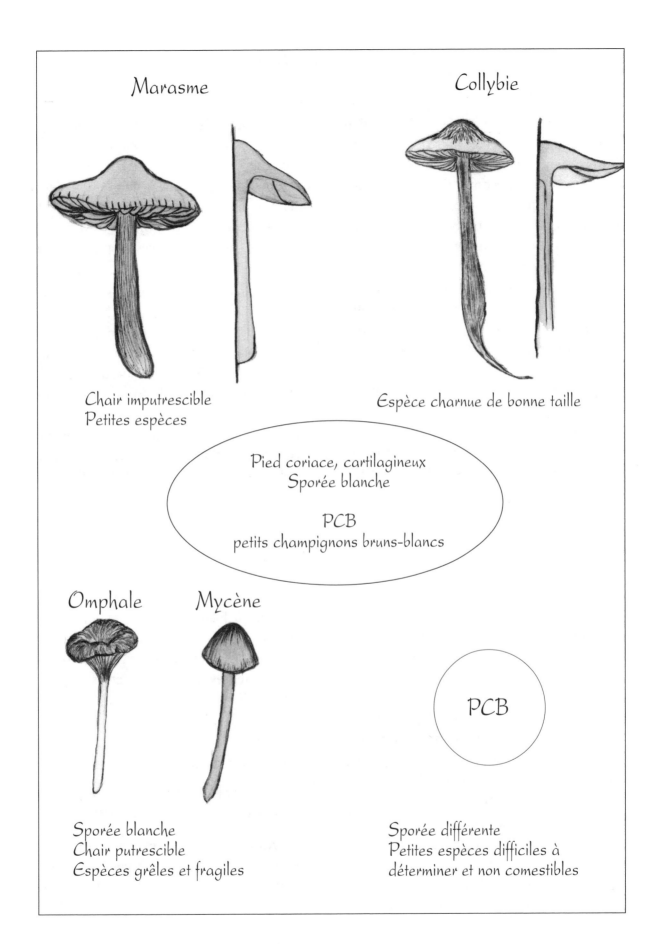

Marasme

Collybie

Chair imputrescible
Petites espèces

Espèce charnue de bonne taille

Pied coriace, cartilagineux
Sporée blanche

PCB
petits champignons bruns-blancs

Omphale

Mycène

PCB

Sporée blanche
Chair putrescible
Espèces grêles et fragiles

Sporée différente
Petites espèces difficiles à
déterminer et non comestibles

Les Amanites

Les Amanites constituent le premier genre auquel le mycologue amateur doit s'intéresser. Elles comprennent, outre quelques espèces comestibles, plusieurs espèces toxiques et au moins deux espèces mortelles que l'on retrouve ici au Québec. En sachant reconnaître les Amanites et en s'abstenant de les consommer, on élimine déjà une grande partie des risques d'empoisonnement les plus dangereux. Tout cueilleur de champignons qui aime faire des essais gastronomiques avec ses cueillettes doit apprendre à reconnaître facilement ce genre. La volve des Amanites étant enfouie dans le sol, il est très important de cueillir le champignon en entier afin d'éviter les confusions avec des espèces qui leur ressemblent mais qui n'ont pas de volve comme les Lépiotes et les Agarics.

Un mycologue expérimenté peut facilement différencier la Lépiote, l'Agaric et l'Amanite vireuse. La Lépiote possède un anneau double et non un voile, et son pied bulbeux est dépourvu de volve. L'Agaric champêtre a des lamelles roses qui noircissent en vieillissant, mais tant et aussi longtemps que le chapeau est fermé, ce n'est pas visible, à moins de couper le champignon en deux. Il est sage d'éviter de consommer les Lépiotes, les Agarics et les Amanites jusqu'à ce que l'on soit familier avec les différences de chacun afin d'éviter toute confusion (Illustration 24).

Les Amanites sont de très beaux champignons, d'assez grande taille, qui poussent sur le sol, en pleine forêt ou à l'orée des bois, souvent liés aux arbres par mycorhize. Ils sont les seuls champignons à posséder à la fois un voile et une volve ainsi qu'une sporée blanche. Leurs lamelles sont libres et leur pied se détache facilement du chapeau. Si vous prenez une coupe latérale d'une Amanite, vous verrez que la chair du pied est différente de celle du chapeau. Les lamelles des Amanites sont libres, c'est-à-dire qu'elles ne sont pas soudées au pied.

La volve des Amanites, toujours enfouie dans le sol, est parfois apparente mais peut aussi être difficile à récupérer selon sa texture. Chez l'Amanite tue-mouches, la volve, de texture cotonneuse, est difficilement apparente autour du pied, mais clairement visible par les verrues qu'elle laisse sur le chapeau. Chez l'Amanite vireuse, la volve élastique ne laisse aucune trace sur le chapeau. Même en creusant dans le sol, seul un œil expert et attentif peut déceler les restes de la volve. Facilement observable sur l'Amanite vaginée, la volve ample et élastique reste en général en permanence autour du pied et elle est presque visible avant même de cueillir le champignon. Les Amanites sont le seul genre à posséder à la fois un voile et une volve ainsi qu'une sporée blanche. L'Amanite vireuse et l'Amanite bisporigène, espèces très dangereuses, sont considérées comme MORTELLES.

L'Amanite vireuse, l'Amanite bisporigène et l'Amanite phalloïde : le trio des Amanites mortelles

L'Amanite vireuse et l'Amanite bisporigène sont des espèces mortelles. L'Amanite bisporigène est légèrement plus petite que l'Amanite vireuse, mais les deux espèces sont très dangereuses. Il est très important d'apprendre à reconnaître facilement sur le terrain ces deux Amanites blanches. Malgré leur toxicité, le fait de les manipuler ne cause aucun danger ; seule leur consommation peut conduire à un empoisonnement sérieux. On note même dans certains livres que de goûter et recracher serait sans danger, mais je ne recommande pas cette technique d'identification pour les Amanites !

D'un blanc immaculé qui laisse supposer l'innocence et la pureté, l'Amanite vireuse et l'Amanite bisporigène contrastent très vivement avec la couleur sombre des sous-bois. Leur beauté est indéniable. De plus, elles sont rarement piquées des vers et leur ressemblance avec les espèces que l'on retrouve en magasin (Champignon de Paris) les rend attrayantes pour la consommation. Elles semblent appétissantes et leur odeur douce ne donne aucun indice quant à leurs effets dévastateurs. Ce qui suit n'est pas une règle générale, mais les champignons les plus laids et peu appétissants sont souvent très bons tandis qu'il faut se méfier des plus beaux.

L'Amanite phalloïde n'a pas été répertoriée au Québec, mais on la retrouve dans l'est du continent nord-américain et il serait plus que possible de la cueillir au Québec. L'Amanite phalloïde est ornée d'un chapeau vert jaunâtre ou olivâtre, et sa chair blanche épaisse a une saveur nulle. Ses lamelles sont blanches à reflets jaunâtres. L'Amanite phalloïde est plus grosse que les deux autres types d'Amanites blanches (5 à 15 cm).

L'Amanite tue-mouches

Une des espèces les plus répandues en Amérique du Nord et en Europe, l'Amanite tue-mouches est certainement le plus connu des champignons. Dans *Alice au pays des merveilles*, lorsque l'héroïne mange ce champignon, elle est aux prises avec des hallucinations. Elle se voit soit immense soit miniature par rapport aux objets qui l'entourent. C'est un des effets typiques d'un empoisonnement par l'Amanite tue-mouches. Ce champignon fait partie de notre imagination et lorsque nous dessinons un champignon rouge avec des points blancs, c'est une représentation stylisée de l'Amanite tue-mouches.

L'Amanite tue-mouches côtoie l'être humain depuis belle lurette ; ce sont les Sumériens et les Hittites qui l'ont découverte. On peut aujourd'hui retracer des récits décrivant les rituels de l'Amanite tue-mouches qui ont été inscrits dans l'argile et qui datent de 3 000 ans avant Jésus-Christ. En 1969, un etnobotaniste (R. G. Wasson) établit un lien entre la plante mystérieuse dont on parle dans les textes védiques – le soma – et l'Amanite tue-mouches. Cette plante sans feuille de couleur rouge contient un actif hallucinogène qui se retrouve inchangé dans l'urine de ceux qui la consomment. Voilà ce qui a permis d'établir un lien entre le soma et l'Amanite tue-mouches. En effet, les shamans, amateurs de cette plante mystérieuse, recueillaient leur propre urine pour la distribuer à leurs disciples qui étaient intoxiqués à leur tour. Les rennes qui léchaient ensuite la neige là où les disciples avaient uriné étaient eux aussi intoxiqués. Dans le monde de la botanique, la seule plante qui a cette propriété particulière est l'Amanite tue-mouches. Ce phénomène d'hallucination est d'ailleurs très rare parce qu'une fois ingérées, les toxines, pour réagir, sont invariablement changées en d'autres composés.

L'Amanite tue-mouches était utilisée en Europe dans les boulangeries comme insecticide pour enrayer les mouches. J'ai essayé ce truc ; j'ai placé une Amanite tue-mouches dans une assiette avec un peu d'eau et de sucre pour attirer les mouches qui se sont gavées du jus sucré. Les mouches étaient rapidement engourdies et incapables de voler. Après quelques heures, elles se remettaient à voler et semblaient tout à fait normales.

L'Amanite tue-mouches annonce le début de la saison mycologique d'été. Du même coup apparaissent les Bolets, les Russules, les Mousserons et autres champignons estivaux. À l'avenir, lorsque vous croiserez une Amanite tue-mouches, évitez de lui donner un coup de pied ou de l'écraser comme si ce n'était qu'un vulgaire champignon. Souvenez-vous que nos ancêtres lointains, des civilisations entières ont élevé ce champignon au rang des dieux. Qui sait, peut-être qu'elle nous réserve encore quelques secrets qui pourraient un jour nous être révélés sous la forme d'un remède miracle contre les maux de l'humanité... Entre-temps, sachez qu'elle côtoie souvent les Bolets qui, eux, nous intéressent. Suivez les Amanites et vous trouverez les Bolets !

Les autres Amanites

L'Amanite rougissante
(*Amanita rubescens*)

Quoique très bon comestible, l'Amanite rougissante n'est pas un champignon que je vous recommande. Cette espèce peut trop facilement être confondue avec l'Amanite brunissante (*Amanita brunescens*), un champignon toxique. Un débutant ne saura pas différencier une chair qui devient brun rougeâtre au froissement d'une autre qui devient rouge brunâtre.

L'Amanite des Césars
(*Amanita caesarea* ou *Amanita umbonata*)

Lorsque j'ai commencé à cueillir des champignons, j'avais cru trouver cette sorte d'Amanite. Ma peur et mon doute face aux champignons m'ont poussée à identifier ce que j'avais entre les mains ; probablement une *Amanita frostiana* ou une *Amanita flaviconia*. Sachez que l'Amanite des Césars est une espèce très rare ; elle pousse sous les chênes, en juillet, quand l'été est très chaud et humide. Si vous croyez avoir entre les mains cette espèce, prenez la peine de faire confirmer votre identification par un expert et gardez votre talle secrète.

L'Amanite porphyre
(*Amanita porphiria*)

Le qualificatif « porphyre » fait allusion à la couleur brun pourpre légèrement lilacin de cette jolie Amanite que l'on rencontre assez fréquemment dans les forêts de conifères et les bois mêlés, en été et en automne. L'Amanite porphyre n'est pas comestible.

L'Amanite citrine
(*Amanita citrina*)

C'est dans une pinède de pins blancs, sur un sol couvert d'une épaisse mousse, tout près de l'Amanite brunissante (*Amanita brunescens*), que j'ai vu la plus grande quantité de ces deux spécimens. En aucun cas je vous recommande de consommer ces deux Amanites, même si l'Amanite citrine pourrait, selon certains auteurs, être comestible.

L'Amanite vaginée

On se familiarise assez facilement avec cette petite Amanite à la marge striée qui est la seule espèce à ne pas être garnie de voile. La couleur de son chapeau varie beaucoup, du brun ambré au gris plombé, parfois du jaune à une couleur blanchâtre. C'est un comestible au goût fin et, quoique croissant dans un coin isolé, on le rencontre assez fréquemment pour en faire une bonne récolte. Je recommande aux débutants de s'abstenir jusqu'à ce qu'ils aient acquis assez d'expérience.

Même si les Amanites comptent quelques espèces comestibles, je vous conseille de bien vous familiariser avec ce genre avant de tenter toute expérience gastronomique.

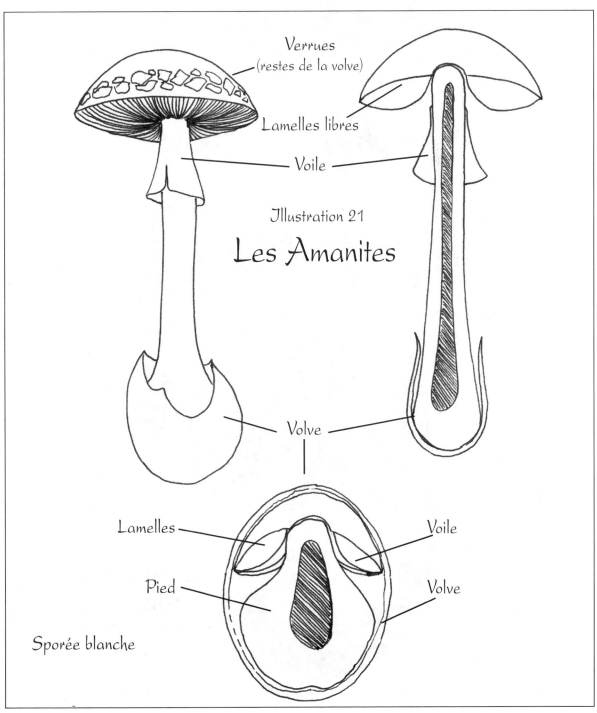

Verrues
(restes de la volve)

Lamelles libres

Voile

Illustration 21

Les Amanites

Volve

Lamelles

Voile

Pied

Volve

Sporée blanche

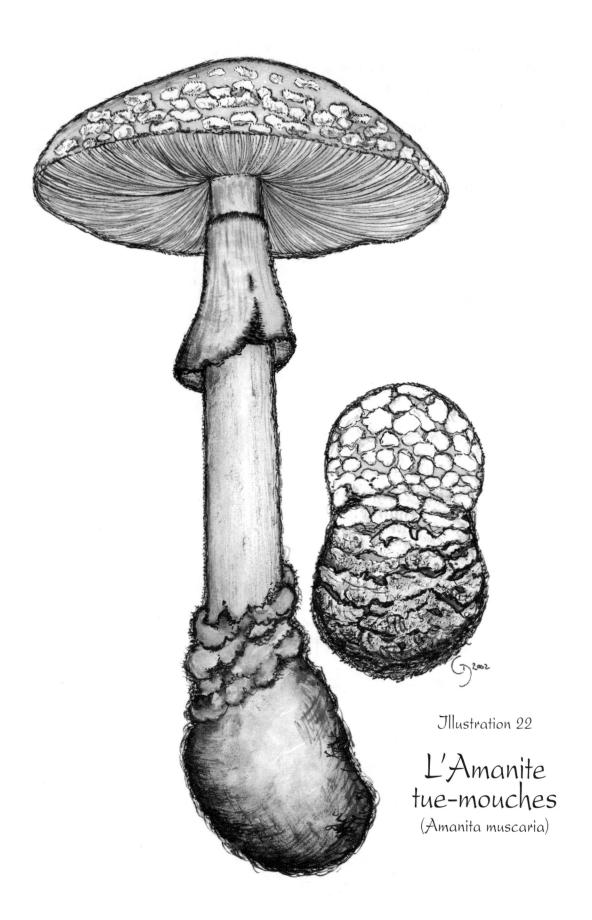

Illustration 22

L'Amanite
tue-mouches
(Amanita muscaria)

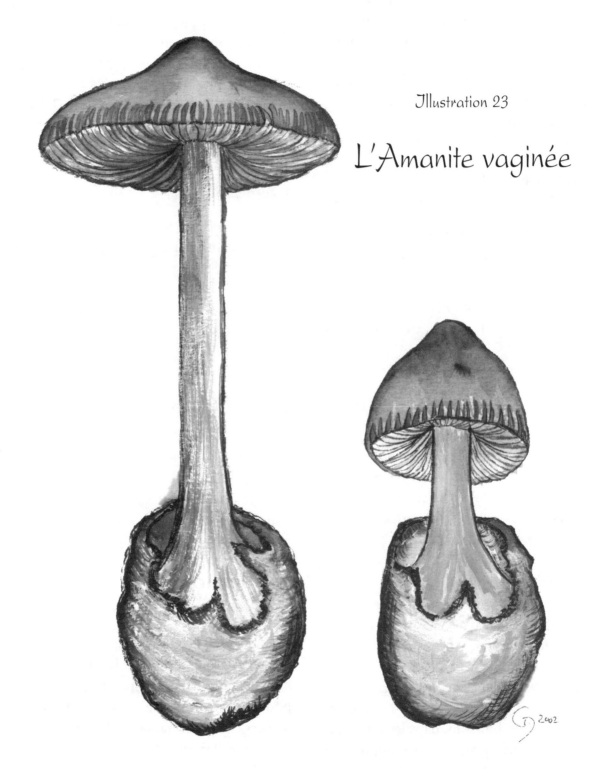

Illustration 23

L'Amanite vaginée

Les Galérines

Même si j'ai décidé de ne pas décrire ce genre dans ce livre parce que la plupart des Galérines sont des PCB difficiles à identifier sans l'aide d'un microscope, je dois aborder le sujet, car ces champignons contiennent des toxines mortelles et on les retrouve fréquemment au Québec. Puisque leur aspect est peu attrayant pour la consommation, les Galérines se retrouvent rarement dans les paniers des cueilleurs. Il est quand même bon de savoir que cette espèce existe.

La Galérine automnale

(*Galerina automnalis*)

Ce petit champignon brun ne dépasse pas les 8 cm et il croît en touffes sur les troncs pourris, en été et en automne. Il importe de bien le différencier de l'Armillaire couleur de miel, un comestible apprécié qui pousse également sur les arbres. L'Armillaire couleur de miel est beaucoup plus robuste (entre 4 et 15 cm) et sa sporée est blanche, tandis que la Galérine a une sporée rouille.

La Galérine marginée

(*Galerina marginata*)

La Galérine marginée, qui ressemble énormément à la Galérine automnale, est tout aussi dangereuse. On doit se méfier de toutes les espèces de ce genre ainsi que de tous les PCB en général. (Consultez la section couleur.)

Les Lépiotes et les Agarics

Ces deux genres sont réservés aux mycologues qui comptent un peu plus d'expérience à leur actif en raison de la confusion possible avec les Amanites blanches mortelles. Cependant, il existe de nettes différences entre les Lépiotes, les Agarics et les Amanites mortelles.

La Lépiote élevée est un excellent comestible facile à reconnaître grâce à sa grande taille, son chapeau mamelonné et son anneau amovible. Sa sporée est blanche comme celle des Amanites. La Lépiote pousse parfois sur les gazons, à l'orée des bois, parmi les buissons, dans les vergers, le long des haies, isolée ou en troupe. Les Amanites mortelles poussent dans les forêts de feuillus et les bois mêlés. Il existe plusieurs autres petites Lépiotes qui poussent en forêt dont il faut se méfier parce qu'elles s'avéreraient suspectes voire même dangereuses. Selon René Pomerleau, la plupart des petites Lépiotes sont suspectes.

Les Agarics

(*Psalliotes*)

Ce qui différencie les Agarics des Amanites mortelles : l'absence de volve, le lieu où ils poussent et surtout la sporée qui est brun pourpre ou noirâtre. Les lamelles des Agarics ne sont jamais d'un blanc pur comme celles des Amanites, mais plutôt blanchâtres tournant rapidement au rosé lorsqu'elles sont très jeunes. Elles vont devenir plus en plus noirâtres en vieillissant. Les Agarics poussent souvent sur les gazons et parfois en très grande quantité après des périodes de sécheresse en juillet et août.

Je me souviens d'un lendemain matin d'une nuit de pluie torrentielle appréciée, après une période de sécheresse qui a duré environ deux semaines, où je partais travailler à bicyclette. Chemin faisant, j'apercevais des dizaines d'Agarics à tous les stades de croissance qui recouvraient les gazons. Je me suis arrêtée, j'ai déposé ma bicyclette et j'ai cueilli tous les Agarics que je voyais ! Peu de temps après, j'ai jeté toute ma cueillette lorsque j'ai vu dans un livre une photo d'un Agaric en mi-croissance qui ressemblait étrangement à une Amanite à peu près au même stade. Aujourd'hui, je sais que je ne courais aucun danger avec ma cueillette, mais sur le coup, cette photo tirée du livre *Les champignons vénéneux et nocifs du Canada* m'a fait peur. En fait, le sentiment de peur n'est pas nécessairement mauvais lorsqu'on est mycologue débutant puisque c'est un signe de prudence. Quiconque cueille des Agarics pour la consommation devrait garder en mémoire les ressemblances et les différences entre ces deux genres.

Lorsque vous serez certain d'avoir identifié des Agarics et que vous les mangerez, vous remarquerez que leur saveur est nettement supérieure aux champignons que vous achetez au rayon des légumes. Vous constaterez une grande différence dans le goût comme lorsqu'on déguste une fraise des champs en plein été et une fraise cultivée en serre hydroponique en plein hiver !

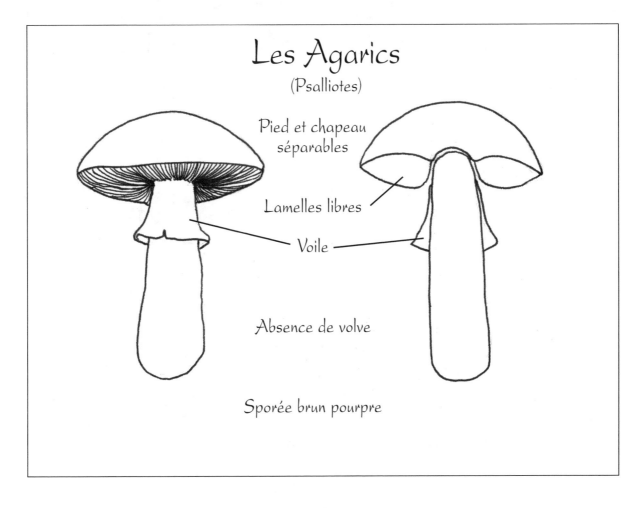

Les Agarics
(Psalliotes)

Pied et chapeau séparables

Lamelles libres

Voile

Absence de volve

Sporée brun pourpre

Les Lépiotes

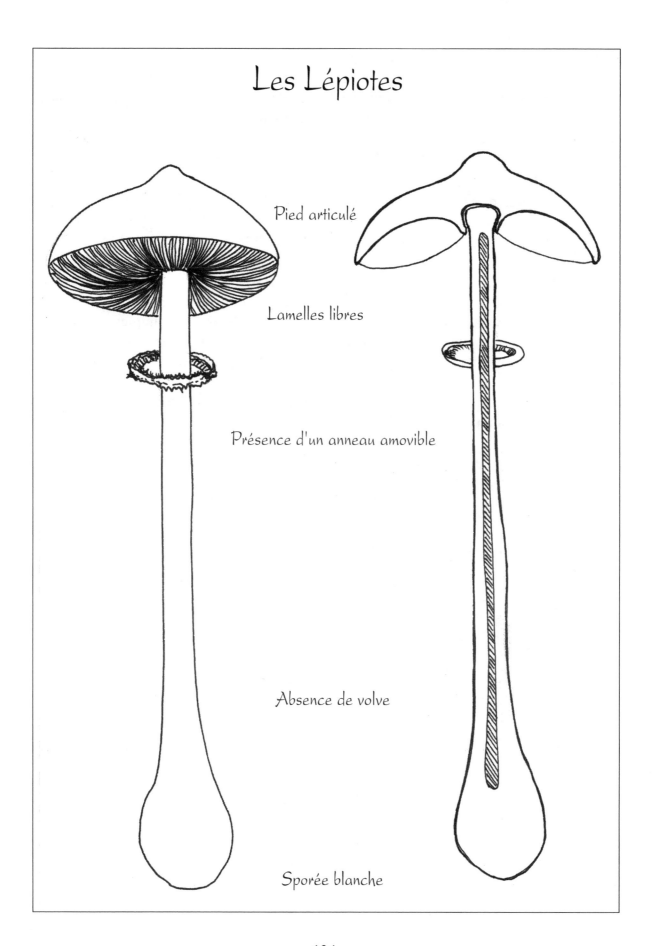

Pied articulé

Lamelles libres

Présence d'un anneau amovible

Absence de volve

Sporée blanche

Illustration 24

Trois types de champignons à lamelles

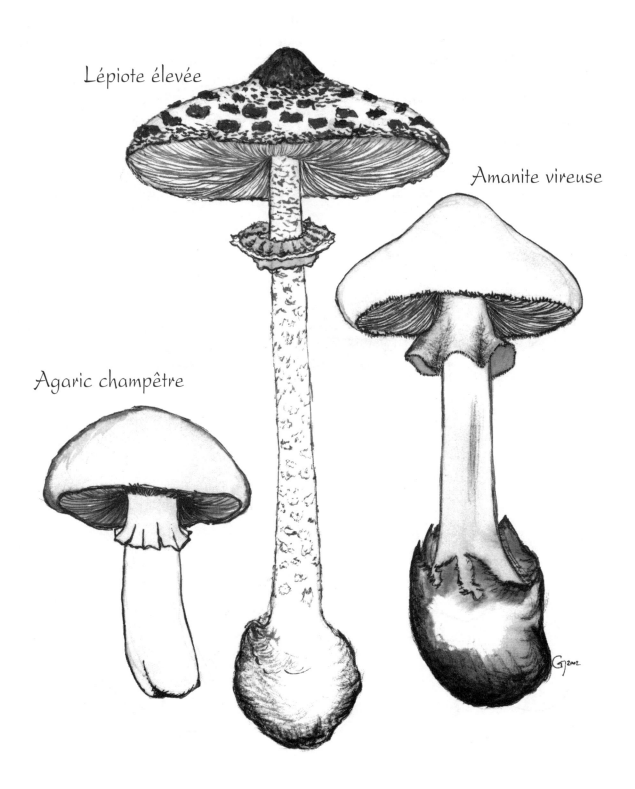

Lépiote élevée

Amanite vireuse

Agaric champêtre

Les Volvaires

La plupart des Volvaires sont très rares au Québec. René Pomerleau mentionne que l'on retrouve la Volvaire soyeuse (*Volvaria bombycina*) occasionnellement sur les essences feuillues, notamment dans les blessures des érables, des hêtres et des ormes. Ce champignon est un délice. Aussi, dans les marchés spécialisés, vous pouvez vous procurer des marinades de *Volvariella volvacea*. C'est un champignon qui fait l'objet d'une culture intense sur les meules de paille de riz en Indonésie et à Madagascar. Ces marinades sont délicieuses.

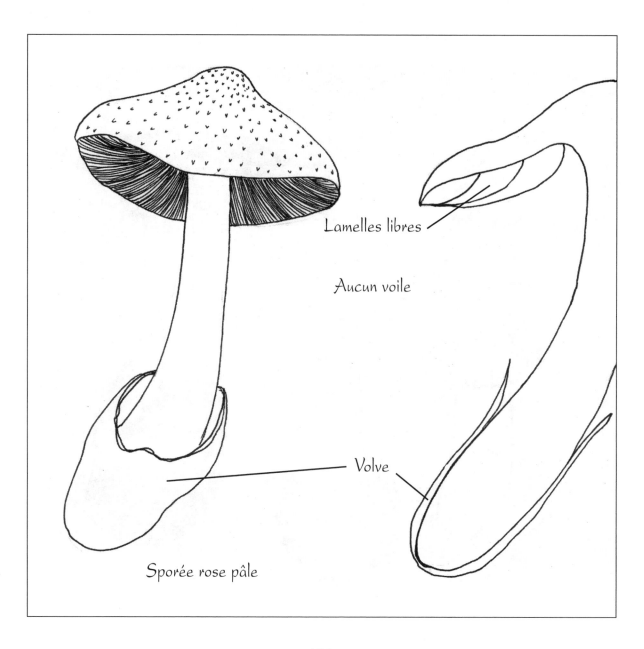

Lamelles libres

Aucun voile

Volve

Sporée rose pâle

Les Coprins

Les Coprins sont un exemple de grande efficacité. Le pied est creux et juste assez solide pour soutenir le chapeau. Les lamelles sont extrêmement serrées, ce qui empêche la dispersion de la sporée par éjection ; c'est pourquoi le tissu des lamelles se décompose sur lui-même en liquide qui contient les spores. Quand le champignon a terminé son cycle de croissance, il ne reste que le pied. La principale caractéristique des Coprins est leur sporée noire déliquescente, c'est-à-dire qui devient liquide en mûrissant.

Le Coprin chevelu
(*Coprinus comatus*)

Tard à l'automne, sur les gazons, parfois sur les débris de bois (bran de scie), poussent les Coprins chevelus. C'est un délicieux champignon qu'il faut cueillir très jeune et manger rapidement parce qu'il mûrit très vite. Tranché finement et placé devant une bonne ventilation, il sèche bien et conserve toute sa saveur. Parmi les Coprins que l'on peut consommer, il est le seul avec lequel on ne suggère pas d'éviter de consommer de l'alcool.

Le Coprin noir d'encre
(*Coprinus atramentaruis*)

Très commun, on le retrouve assez tôt en saison, soit dès juin, parfois plus tôt, et jusqu'à tard l'automne. Le Coprin noir d'encre pousse sur les souches pourries ou sur les gazons riches. Quoique comestible, il faut s'abstenir de le consommer avec de l'alcool parce que ce mélange provoque parfois de violentes réactions. (Voir le chapitre sur les empoisonnements.)

Le Coprin micacé
(*Coprinus micaceus*)

Le Coprin micacé se cueille au printemps, à l'été et en automne. Il est facilement reconnaissable par la poussière micacée qui brille sur son chapeau. C'est une espèce comestible, à saveur agréable que l'on conseille (comme pour le Coprin noir d'encre) de ne pas consommer avec de l'alcool. Sauf les trois espèces mentionnées ci-dessus, les autres petits Coprins que l'on rencontre à l'occasion sur les tas de fumier ou de débris ne sont pas considérés comme des comestibles acceptables.

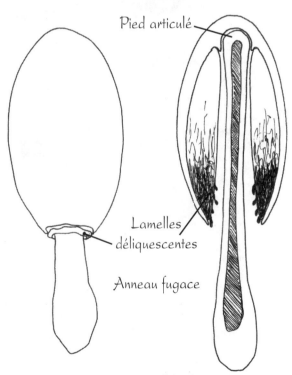

Les Coprins

Pied articulé

Lamelles déliquescentes

Anneau fugace

Sporée noire, déliquescente

Illustration 25

Le Coprin chevelu

(Coprinus comatus)

Illustration 26

Le Coprin noir d'encre

(Coprinus atramentarius)

Les Strophaires, Psilocybes, Panéoles et Gymnopiles

On rencontre fréquemment le Strophaire lacéré (*Stropharia hornemannii*). De réputation douteuse du point de vue gastronomique, c'est un beau champignon qui ne manquera pas d'attirer votre attention. Ses caractéristiques assez saillantes le rendent facile à identifier même pour un débutant. Avec son chapeau jaune paille, son pied blanc muni d'écailles sous l'anneau, son anneau ample et membraneux, et sa sporée brun pourpre, il croît sur les souches renversées de conifères à la fin de l'été et en automne. Le Strophaire rouge vin (*Stropharia rugosoannulata*), qui se cueille beaucoup plus rarement, vit sur les copeaux en forêt et en lieux dégagés. Ce beau Strophaire, un excellent comestible, se cultive très bien. (Consultez le livre *Cultivez vos champignons* de François Huart.)

Les Strophaires, Psilocybes, Panéoles et Gymnopiles comptent à leur palmarès quelques espèces hallucinogènes. Pour ceux qui seraient tentés de les rechercher sur notre territoire, sachez qu'ils font partie des PCB difficiles à identifier et qu'un microscope est nécessaire pour les différencier les uns des autres. En plus d'être assez rares, ils ne sont pas répertoriés dans les guides d'identification et lorsqu'ils le sont, on omet de mentionner leurs propriétés hallucinogènes et on les considère comme vénéneux, ce qui, à mon avis, est une forme de désinformation.

Si vous croyez avoir découvert une talle de ces champignons voyageurs et que vous désirez connaître leurs effets hallucinogènes, sachez que :
- Vous avez de grandes chances de ne pas avoir la bonne espèce entre les mains.
- Vous n'aurez aucune information à savoir si vos champignons contiennent beaucoup ou très peu de psilocybine et de psilocine (substances hallucinogènes ; la psilocybine se transforme en psilocine) et il vous sera difficile de déterminer la quantité à prendre.
- Les Psilocybes, Panéoles et Strophaires ne sont pas tous hallucinogènes. Certaines espèces sont considérées comme suspectes voire même dangereuses.
- Dans *Flore des champignons au Québec et régions limitrophes*, René Pomerleau répertorie ces espèces, mais vous verrez rapidement que toutes ces petites espèces se ressemblent et qu'il n'est pas facile de les distinguer.

Les Strophaires

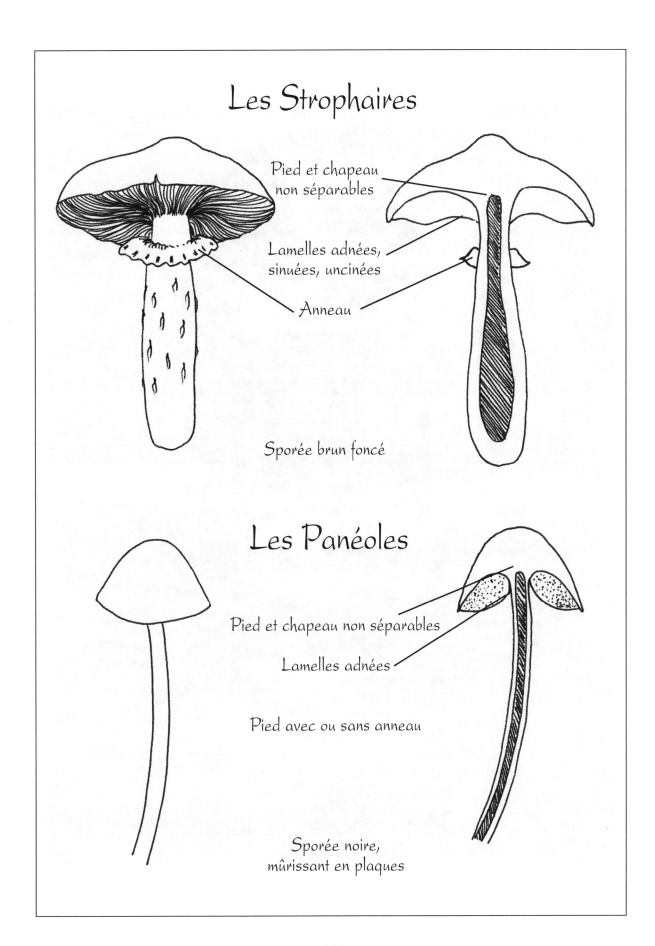

Pied et chapeau
non séparables

Lamelles adnées,
sinuées, uncinées

Anneau

Sporée brun foncé

Les Panéoles

Pied et chapeau non séparables

Lamelles adnées

Pied avec ou sans anneau

Sporée noire,
mûrissant en plaques

Illustration 27

Le Psilocybe fer de lance

(Psilocybe semilanceata)

Illustration 28

Le Panéole à marge dentée

(Panaeolus sphinctrinus)

Les Pholiotes

Voici un groupe de champignons avec lequel je n'ai jamais tout à fait réussi à me familiariser. Les Pholiotes sont pour la plupart lignicoles, et René Pomerleau soutient que même si aucune d'entre elles n'est vénéneuse, ces espèces ne sont pas recherchées pour leur valeur gustative. Les Pholiotes ont une sporée ocre. Lorsqu'elles poussent en touffes sur les troncs d'arbres, l'effet visuel est assez spectaculaire. Je vous recommande de les admirer mais de ne pas les consommer. On différencie les Pholiotes des Hypolomes, qui poussent parfois en touffes sur les arbres, par la sporée brun pourpre de ces derniers.

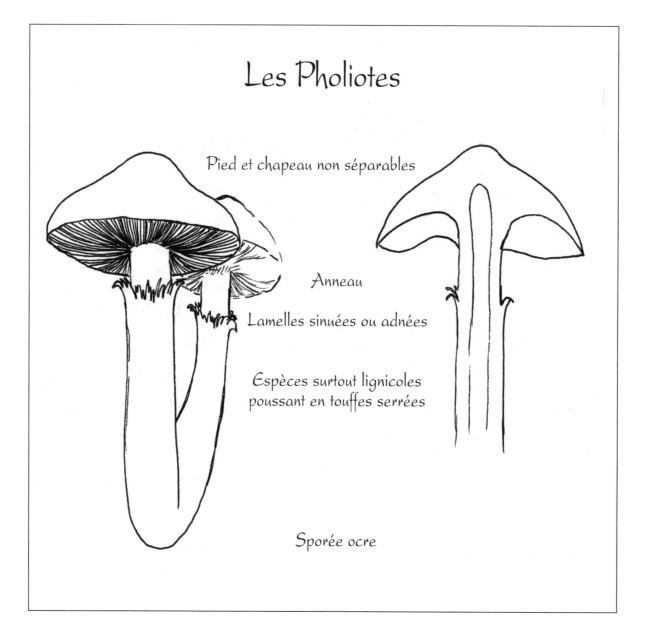

Les Pholiotes

Pied et chapeau non séparables

Anneau

Lamelles sinuées ou adnées

Espèces surtout lignicoles poussant en touffes serrées

Sporée ocre

Les Armillaires

Les Armillaires possèdent un anneau membraneux qui a la caractéristique d'être ascendant (contrairement aux Amanites).

Les Armillaires sont homogènes, c'est-à-dire que le pied ne se sépare pas facilement du chapeau.

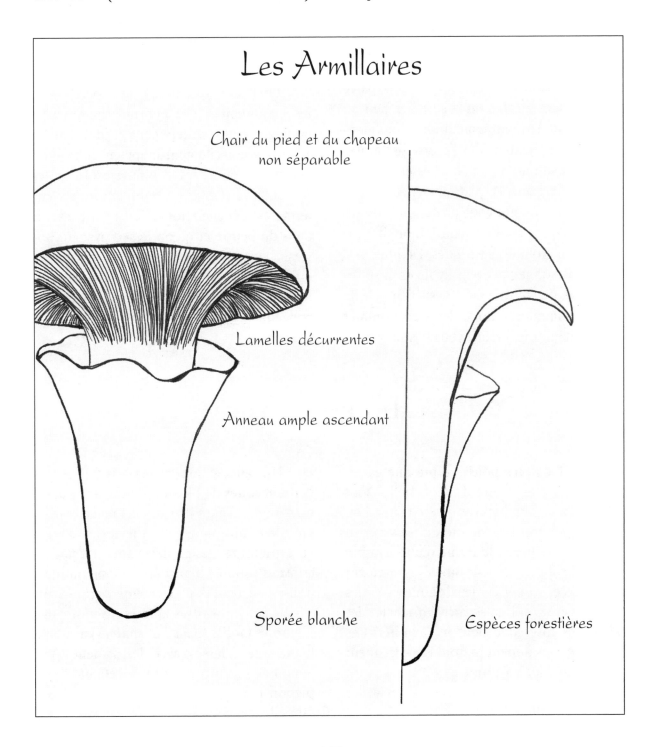

Les Armillaires

Chair du pied et du chapeau non séparable

Lamelles décurrentes

Anneau ample ascendant

Sporée blanche

Espèces forestières

L'Armillaire couleur de miel
(*Armillaria mellea*)

Certaines années, on constate que l'Armillaire couleur de miel a des poussées spectaculaires au début du mois de septembre. Il pousse en énormes grappes sur les souches de bois mort, mais aussi sur les arbres en santé. C'est un parasite qui détruit rapidement l'hôte qu'il habite. C'est un comestible intéressant parce qu'il pousse parfois en abondance. Je dis parfois parce qu'il y a des années où il sort très peu ou pas du tout. Une autre méthode pour l'identifier est de regarder sous l'écorce des arbres pour voir son mycélium, qui ressemble à de gros lacets noirs et plats. Lorsqu'on consomme l'Armillaire couleur de miel, il faut s'assurer qu'il est bien cuit, sinon il peut causer des troubles gastriques. De plus, certaines personnes peuvent avoir de la difficulté à le digérer même s'il est bien cuit. Je vous recommande donc de le consommer avec parcimonie lorsque vous y goûtez pour la première fois pour déterminer s'il a des effets néfastes sur votre organisme. Pour ma part, je consomme volontiers ce champignon mariné selon la recette d'un certain cueilleur italien. À ce jour, c'est la meilleure recette que j'ai trouvée pour ce champignon, qui a tendance à devenir mou et gluant à la cuisson.

L'Armillaire ventru
(*Biannulaire ventricosa*)

On classe également cette espèce parmi les Biannulaires. Cet énorme champignon pousse presque entièrement enfoui dans le sol et passe facilement inaperçu. Il croît en association avec les conifères, surtout les pins blancs. Ce gros champignon à chair ferme est délicieux lorsqu'on le fait revenir dans du beurre et qu'on le sert avec un bifsteak. Lorsqu'ils sont encore en bouton et que le voile est intact, ces champignons, fortement recherchés par les Asiatiques, peuvent valoir jusqu'à trois cents dollars chacun.

Les Pleurotes

Les Pleurotes poussent presque exclusivement sur les arbres. Leurs lamelles sont fortement décurrentes sur un pied latéral ou presque absent. Le Pleurote qui se vend au supermarché prend la forme d'une d'huître et est de couleur blanche ou – plus rarement – jaune et rose. Ces deux dernières sortes sont superbes et il m'est arrivé d'acheter des Pleurotes roses que pour les admirer. Ces champignons aiment le froid et se récoltent parfois très tôt au printemps jusqu'à la fin de l'automne sur les troncs d'arbres et les essences feuillues.

Une amie et moi avons déjà fait de très belles récoltes de Pleurotes en octobre et en novembre même s'il avait déjà neigé et malgré l'été plutôt sec et un mois d'août et septembre assez décevants (*Pleurotus ostreatus* : sporée blanchâtre, crème ou lilas, pousse en tas). À cette même période, on cueille sur les feuillus abîmés ou morts des Pleurotes tardifs (*Panellus serotinus*) à sporée blanchâtre (classés avec les Panelles par René Pomerleau). C'est un excellent champignon pour qui sait le cuisiner. Sa texture rappelle celle du poulet et sa saveur est douce. Une excellente façon d'apprêter ces champignons est de les couper en gros morceaux dans le sens des lamelles, de les tremper dans un mélange de pâte à crêpe et de les frire dans l'huile chaude. Servez-les avec des sauces au miel, à la moutarde ou aigre-douce, comme s'il s'agissait de poulet.

Le Pleurote de l'orme
(*Pleurotus ulmarius*)

Ce beau champignon pousse sur les ormes, les érables et les hêtres. Ce type de Pleurote possède un pied et un chapeau, ce qui le distingue des deux autres. Il est assez facile à reconnaître par sa forme et les arbres sur lesquels il pousse. C'est un excellent comestible qui se récolte jusqu'à tard l'automne ; sa sporée est blanche.

On retrouve quelques autres genres de Pleurotes dont un petit Pleurote blanc (classé parmi les Pleurotelles par Pomerleau) qui pousse sur les essences de conifères. C'est un bon comestible qui se distingue par son chapeau blanc à chair mince et son odeur agréable ; il a une sporée blanche. Le Pleurote du chêne (*Pleurotus dryinus*) et le Pleurote ligneux (*Pleurotus lignatilis*), qui poussent sur des essences feuillues, sont comestibles, mais on les retrouve très rarement au Québec. Ces deux espèces ont une sporée blanche.

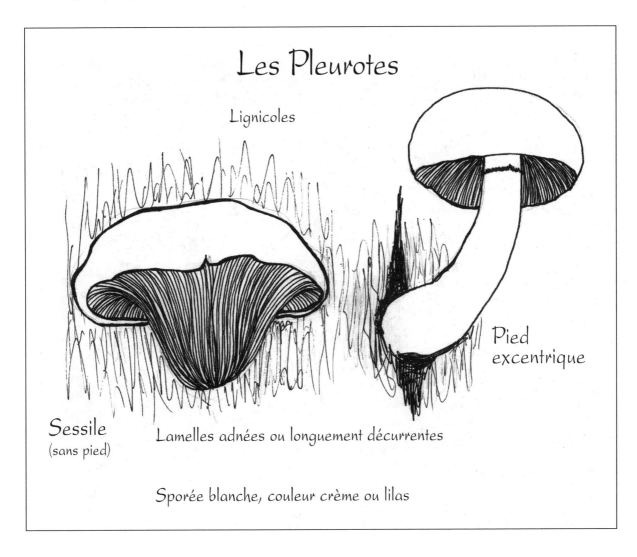

Les Pleurotes

Lignicoles

Sessile
(sans pied)

Lamelles adnées ou longuement décurrentes

Pied excentrique

Sporée blanche, couleur crème ou lilas

Les Paxilles

Les Paxilles forment un petit groupe de champignons dont on retrouve deux espèces au Québec : le Paxille enroulé (*Paxillus involutus*) et le Paxille à pied noir (*Paxillus atrotomentotus*). La première espèce, qu'on retrouve fréquemment, est toxique. La seconde, un peu plus rare, est comestible mais amère. Les Paxilles sont apparentés aux Bolets par la texture gélatineuse de leurs lamelles. De plus, les lamelles, qui débutent dans la partie supérieure du pied, ont la forme de tubes. Ces lamelles décurrentes se séparent facilement de la chair du pied et du chapeau (on n'a qu'à pousser légèrement avec son ongle pour que les lamelles se détachent). Leur sporée est brun rouille.

Le Paxille enroulé

(*Paxillus involutus*)

C'est un champignon très commun, qui pourrait être confondu avec la Chanterelle ciboire ou avec le Clitocybe orangé. Il importe de le reconnaître et de bien le différencier des deux autres espèces puisque le Paxille enroulé est considéré comme un champignon dangereux qui peut causer des empoisonnements assez sérieux. Certains auteurs le disent comestible, mais on recommande de le consommer bien cuit. Le Paxille enroulé est de plus en plus considéré comme un champignon dangereux qu'il soit cuit ou cru. Puisque sa saveur est plutôt banale, il vaut mieux l'éviter. On reconnaît ce type de Paxille par son chapeau brun cuivré, sa marge fortement enroulée et sa chair jaunâtre qui devient rapidement brun rougeâtre à la cassure. De plus, ses lamelles décurrentes se détachent facilement de la chair du chapeau à la pression du doigt et forment des alvéoles, presque des tubes, là où elles se joignent au pied. Le Paxille enroulé croît fréquemment dans les forêts de conifères et les bois mêlés, en été et en automne. On apprend à le reconnaître et on l'évite ; sa sporée est brun argilacé ou brun rouille.

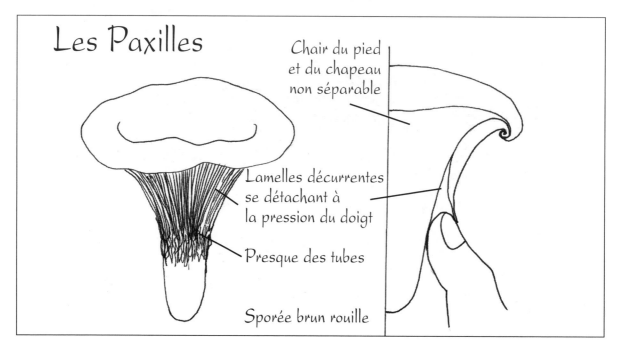

Les Paxilles

Chair du pied et du chapeau non séparable

Lamelles décurrentes se détachant à la pression du doigt

Presque des tubes

Sporée brun rouille

Les Hygrophores

Ces champignons de taille petite ou moyenne ont souvent des couleurs vives et leur chair, une texture cireuse. Leurs lamelles sont souvent arquées, espacées, épaisses et unies par des veines. Généralement saturés d'eau, les Hygrophores ont une apparence translucide. La plupart des Hygrophores sont de bons comestibles, mais certains sont sans intérêt.

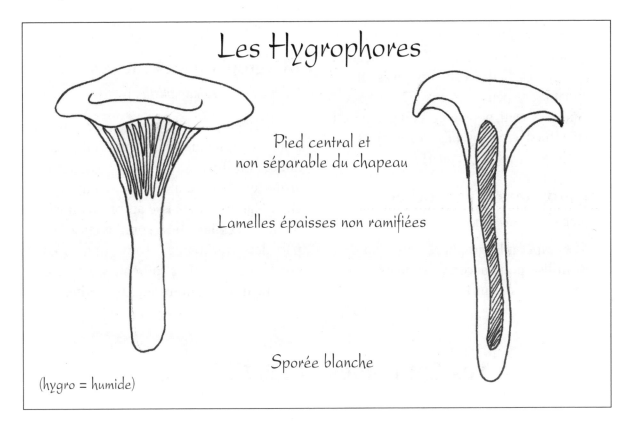

Les Hygrophores

Pied central et non séparable du chapeau

Lamelles épaisses non ramifiées

Sporée blanche

(hygro = humide)

L'Hygrophore pudibond

(*Hygrophorus pudorinus*)

Cette espèce est très jolie avec son chapeau rosé qui devient plus foncé au centre, d'où son qualificatif de pudibond qui signifie « qui rougit comme une jeune fille ». Certains auteurs donnent à ce champignon un parfum balsamique ou de jasmin, tandis que d'autres prétendent qu'il sent et goûte la térébenthine ; en anglais on l'appelle Turpentine Waxy Cap (capuchon ciré à la térébenthine). C'est parce qu'on le trouve en grande quantité qu'il peut intéresser le myco-gastronome. Selon René Pomerleau, il faut cueillir les spécimens jeunes (les plus âgés sont âcres) et les faire tremper dans une eau salée ou vinaigrée pour en faire un plat acceptable.

L'Hygrophore blanc olivâtre

(*Hygrophorus olivaceoalbus*)

Ce champignon est plus ou moins fréquent ; de mon côté, je n'en ai jamais trouvé une assez grande quantité pour en faire un plat. L'Hygrophore blanc olivâtre est plutôt facile à reconnaître par les fibrilles noirâtres qui couvrent le chapeau et le pied. Les lamelles arquées et un peu épaisses sont blanches ou grisâtres. La chair est épaisse, tendre, à odeur et saveur douces.

L'Hygrophore remarquable

(*Hygrophorus speciosus*)

Sans grande valeur gastronomique, l'Hygrophore remarquable décore bien les plats avec ses belles couleurs vives. Il est cependant un peu visqueux. On l'associe aux mélèzes et il pousse en compagnie du Bolet à pied creux (*Suillus cavipes*) et du Bolet élégant (*Suillus grevillei*).

L'Hygrophore rouge cochenille

(*Hygrophorus cocceineus*)

Ce type d'Hygrophore aux couleurs vives, utilisé pour décorer des plats, a une saveur plus ou moins fade.

L'Hygrophore des prés

(*Hygrophorus pratensis*)

Ce champignon est considéré comme un très bon comestible. Il pousse dans les lieux dégagés, les pâturages ou à l'orée des bois. J'ai souvent cueilli ce champignon dans l'Estrie, en assez grande quantité pour le cuisiner, mais il est plus rare dans les Laurentides.

L'Hygrophore des chèvres

(*Hygrophorus camarophyllus*)

L'Hygrophore des chèvres est un très bon champignon. Par contre, il y a des années où il ne pousse pas et d'autres où il croît en abondance. La chair de ce champignon est épaisse au centre, fragile et blanche. Les lamelles, comme chez la plupart des Hygrophores, sont arquées, épaisses, larges et parfois fourchues. Le chapeau et le pied sont d'un beau gris cendré.

Les Entolomes et les Clitopiles

Ces genres à sporée rose saumon ne sont pas parmi les plus faciles à identifier. Les quelques espèces comestibles qui en font partie peuvent aisément être confondues avec des espèces toxiques, et le débutant devra s'abstenir de consommer les Entolomes et les Clitopiles jusqu'à ce qu'il ait acquis de l'expérience.

Le Clitopile petite prune

(*Clitopilus prunulus*)

Cet excellent champignon peut aisément être confondu avec les Clitocybes toxiques. Il faut absolument faire une sporée pour être certain d'avoir cueilli un Meunier.

L'Entolome avorté

(*Entoloma abortivum*) également classé parmi les Clitopiles (*Clitopilus abortivum*)

Malgré son nom peu appétissant et sa forme peu attrayante, ce champignon est un excellent comestible. La première fois que j'ai trouvé ces champignons, je les ai cueillis, je les ai identifiés et je les ai laissés au réfrigérateur pour finalement les oublier. Lors de ma deuxième cueillette d'Entolomes

Les Entolomes

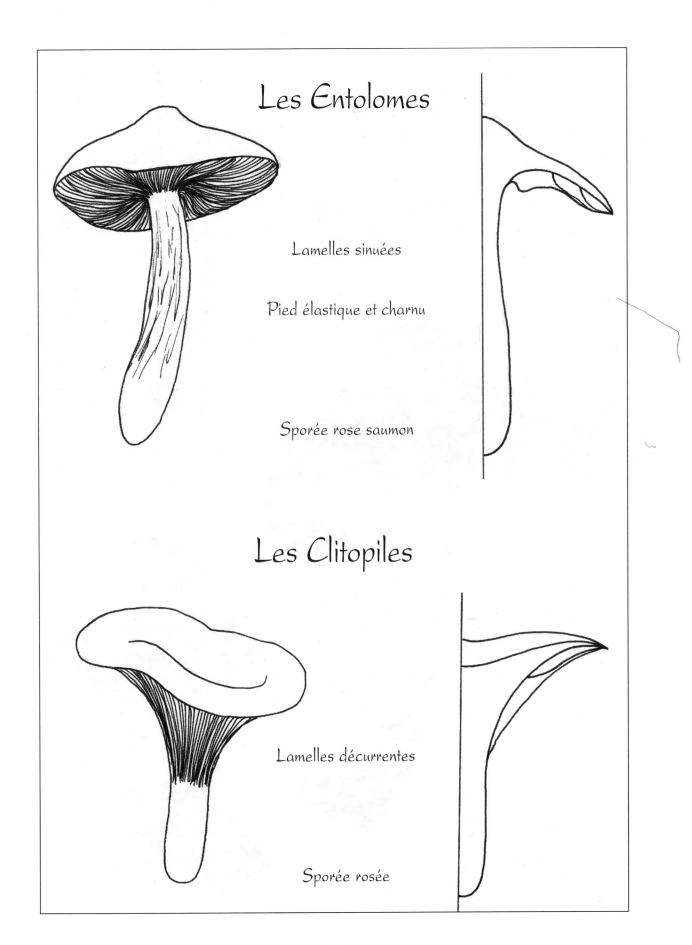

Lamelles sinuées

Pied élastique et charnu

Sporée rose saumon

Les Clitopiles

Lamelles décurrentes

Sporée rosée

Illustration 29

L'Entolome livide

(Entoloma sinuatum)

avortés, j'avais la ferme intention d'y goûter, mais je les ai encore jetés à la poubelle. La troisième fois, je me suis dit que si les livres soulignaient l'excellence de ces espèces, je devrais peut-être y goûter. Je les ai finalement coupés en tranches fines et je les ai fait revenir dans du beurre en ajoutant un soupçon de sel ; leur texture était croquante et ils avaient un goût de noisette. Quel délice !

L'Entolome avorté se retrouve souvent en compagnie de l'Entolome à la forme normale, ce qui rend ce champignon plus facile à identifier. La forme avortée ressemble à des masses globuleuses blanc sale, environ de la grosseur d'une Vesse-de-loup. Les carpophores normaux sont gris souris, de tex-ture soyeuse, à odeur et saveur de farine. La couleur de la sporée est cannelle ou rose brunâtre.

L'Entolome livide

(*Entolome sinuatum*)

Cet Entolome a la réputation de causer des irritations gastro-intestinales qui durent plusieurs jours et qui laissent des séquelles au foie. Il sent la farine, comme les deux autres mentionnés plus haut, et sa sporée est brun rose. En faisant le test de la sporée, vous ne pourrez confondre cet Entolome avec des Tricholomes ou des Clitocybes qui peuvent lui ressembler, mais qui ont une sporée blanche. (Voir la section couleur.)

Les Cortinaires

C'est une des plus grandes familles de champignons aux lamelles brunes. On en retrouve des centaines d'espèces en Amérique du Nord et la plupart sont immangeables. Il est plus facile de déter-miner ce genre chez les jeunes spécimens qui possèdent un voile filamenteux qui dis-paraît à mesure que le chapeau s'ouvre. Parfois, on peut noter la zone annuliforme des restants de la cortine sur le haut du pied. Pour bien reconnaître ces espèces, identifiez d'abord un jeune spécimen, puis un plus vieux dans la même talle lorsque c'est possible, et familiarisez-vous avec cette zone annuliforme peu visible. Certains Cortinaires ont de très belles couleurs, comme le Cortinaire violet et le Cortinaire blanc et violet, mais en général ils sont bruns et banals. Leurs lamelles, soudées au pied, produisent une sporée brun orangé ou brun rouille. Au Québec, on rencontre sou-vent le Cortinaire à bracelets (*Cortinarius armilatus*) que l'on reconnaît à la présence d'une ou plusieurs bandes rougeâtres autour de la base du pied. On retrouve aussi le Cortinaire blanc violacé (*Cortinarius albovio-laceus*) et le Cortinaire à odeur de bouc (*Cortinarius traganus*). On voit rarement le Cortinaire violet (*Cortinarius violaceus*). Les deux premiers sont de médiocres comestibles tandis que le dernier serait un assez bon comestible, mais on le retrouve rarement en quantité suffisante pour bien y goûter.

Le Cortinaire semi-sanguin

(*Cortinarius semisanguineus*)

On doit se méfier de ce champignon toxique de taille moyenne au chapeau jaune ocre, aux lamelles rouge sang ou rouge cannelle. Sous ces belles couleurs se cache un champignon dangereux qui, sans être mortel, peut causer de violentes réactions.

Le Cortinaire blanc et violet

(*Cortinarius alboviolaceus*) et le Cortinaire à odeur de bouc (*Cortinarius traganus*)

J'ai longtemps confondu ces deux espèces sur le terrain ; ce sont deux Cortinaires de couleur violacée qui sont pourtant assez différents, si ce n'est que par leur parfum. Le Cortinaire blanc et violet

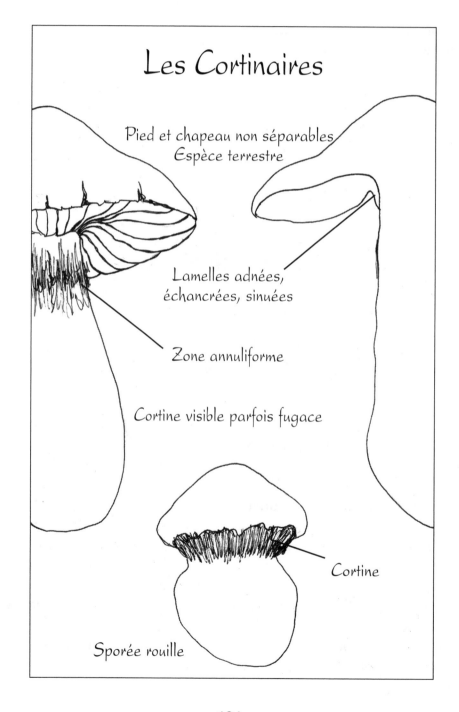

Les Cortinaires

Pied et chapeau non séparables
Espèce terrestre

Lamelles adnées, échancrées, sinuées

Zone annuliforme

Cortine visible parfois fugace

Cortine

Sporée rouille

Illustration 30

Le Cortinaire à bracelets

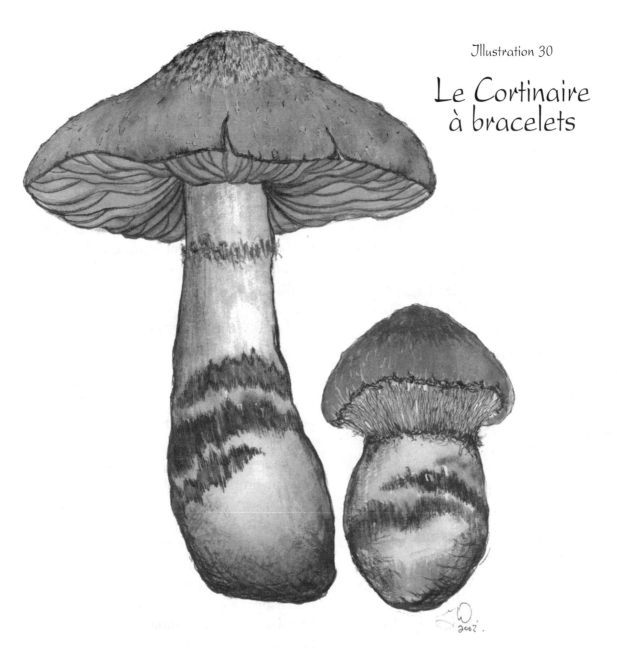

sent la pomme tandis que l'autre a un parfum désagréable. Dans les livres, on dit qu'il sent la corne brûlée, mais ne connaissant pas cette odeur, je dirais plutôt qu'il sent la vieille pomme de terre. Je croyais donc à tort que les exemplaires jeunes et frais du Cortinaire blanc violacé sentaient la pomme et qu'en vieillissant, ils prenaient l'odeur de la pomme de terre vieillie. Une étude plus poussée révèle que les lamelles du Cortinaire blanc et violet sont adnées, larges et serrées, violacées puis brunâtres avec l'âge, tandis que le Cortinaire à odeur de bouc a des lamelles adnées, émarginées, larges et inégales, ocrées et brunissantes avec l'âge. Les principales différences entre ces deux champignons sont l'odeur et le mode d'attachement des lamelles au pied. Le Cortinaire blanc et violet serait comestible. Son odeur de pomme m'a portée à croire qu'il pourrait être agréable à consommer. Malheureusement, le parfum et le goût de pomme sont excessifs et nous répugnent. Vous pouvez toujours y goûter et tirer vos propres conclusions.

Les Lactaires

Nous retrouvons dans les forêts du Québec beaucoup de Lactaires, la plupart desquels sont tellement âcres au goût qu'il est impossible de les manger. Certains types de Lactaires valent la peine d'être recherchés. De plus, ils sont faciles à identifier : chair cassante et granuleuse, lamelles friables et décurrentes et pied trapu. Mais la principale caractéristique des Lactaires est qu'ils produisent un lait à la cassure de couleur variée selon l'espèce. Lorsqu'on trouve un Lactaire, on peut en prendre un petit morceau pour déterminer sa comestibilité. Comme chez les Russules, une saveur douce indique qu'il est comestible. Je rappelle que ce test de saveur s'applique exceptionnellement aux Lactaires et aux Russules ; ce n'est pas une règle générale dans le monde des champignons. Souvenez-vous que l'Amanite vireuse n'a pas mauvais goût et qu'elle est mortelle.

Le Lactaire à lait jaune

(*Lactarius chrysorrheus*) ou le Lactaire omniprésent

Cette espèce pousse partout dans les forêts du Québec et sa belle couleur cannelle rosâtre lui donne un air appétissant. Prenez-en une petite bouchée ou déposez un peu de lait de ce champignon sur votre langue et vous aurez un bel exemple de la définition des mots âcre et brûlant. Le plus drôle, c'est que cette saveur n'apparaît pas immédiatement lorsqu'on y goûte, mais prend plusieurs secondes avant de se manifester. Ce goût âcre reste dans la bouche pendant de longues minutes même si on se met à

cracher. J'aime bien jouer ce tour aux gens qui viennent avec moi en forêt, mais pour ce faire, je dois y goûter moi aussi pour montrer l'exemple ! Dans la famille des Lactaires, à part les nombreuses espèces à lait âcre, on retrouve également deux excellents comestibles : le Lactaire délicieux et le Lactaire couleur de suie.

Le Lactaire délicieux

(*Lactarius deliciosus*)

Voilà un beau champignon orangé, au lait orange, à saveur et au parfum fruités. Il pousse dans les lieux humides sous les sapins et les épinettes, en été et en automne. Sa sporée est crème ou jaunâtre. Ce champignon est fragile ; il mérite d'être cueilli avec soin. Lorsque vous le cueillez, nettoyez-le le plus possible sur place et rangez-le à part. La terre et les débris se collent à son chapeau un peu visqueux, et il sera difficile de bien le nettoyer en arrivant à la maison. Ce champignon est délicieux rôti, en salade ou dans l'huile. On peut aussi le faire sécher, mais il perd alors toutes ses qualités gustatives. Il est préférable de le manger frais ou de le conserver autrement.

Le Lactaire couleur de suie

(*Lactarius lignyotus*)

Le Lactaire couleur de suie est un très beau champignon : chapeau brun foncé, texture de velours, lamelles blanc amande, pied de la même couleur et de la même texture que le chapeau. Chez les exemplaires un peu plus vieux, le chapeau est brun plus pâle et un peu moins velouté. Ce Lactaire produit un lait blanc et immuable. Sa saveur un peu amère disparaît à la cuisson. Il est aussi très parfumé et délicieux séché. Ce n'est que depuis peu que ce Lactaire est considéré comme comestible. Dans la plupart des livres, on le qualifie de non comestible. Par contre, dans le Jura, en France, on consomme depuis longtemps ce beau Lactaire, où il est très recherché.

Le Lactaire à lait abondant
(*Lactarius volemus*)

Aussi appelé Vachette à cause du lait abondant qu'il produit, ce Lactaire à saveur douce vaut la peine d'être cueilli. On dit qu'il pousse surtout dans les chênaies. On le reconnaît à son lait abondant et à son odeur d'écrevisse. Sa sporée est blanche.

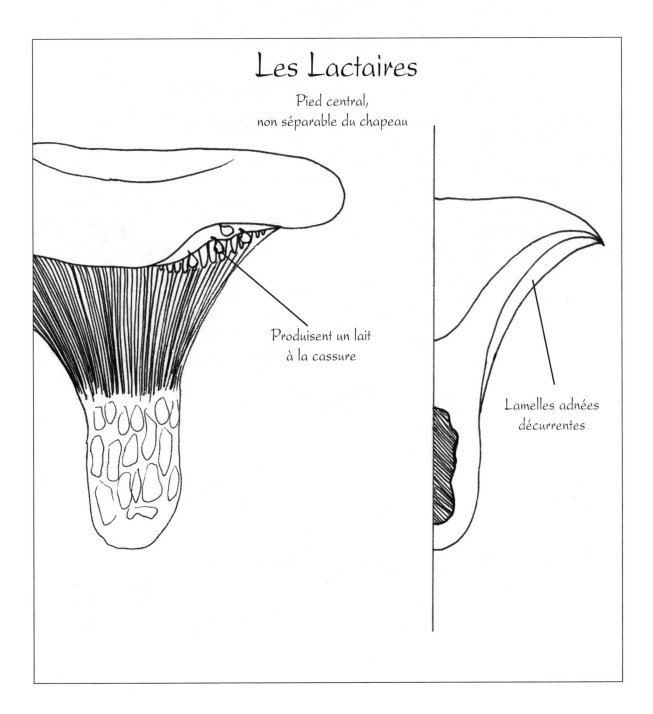

Les Lactaires

Pied central, non séparable du chapeau

Produisent un lait à la cassure

Lamelles adnées décurrentes

Illustration 31

Le Lactaire délicieux

Les Russules

Les Russules forment une grande famille de champignons d'assez grande taille, sans voile ni anneau. La chair des Russules est friable et fragile. Si l'on casse le pied d'un spécimen frais, la cassure est nette, semblable à celle de la craie à tableau. Les lamelles cassent facilement lorsqu'on les froisse avec nos doigts. Les Russules ont une texture lardacée et ne produisent pas de lait comme les Lactaires. La plupart d'entre elles ont de belles couleurs (rouge, jaune ou rosée), mais certaines ont des couleurs plus ternes. La cuticule, la petite peau qui recouvre le chapeau, se pèle facilement. Vous réussirez, avec un peu de pratique, à identifier les différents types de Russules sur le terrain. Le problème est qu'elles se ressemblent toutes et il est difficile de les différencier sans l'aide d'un microscope. René Pomerleau, dans *Flore des champignons au Québec et régions limitrophes*, décrit une cinquantaine de Russules qui poussent au Québec ; elles sont soit comestibles soit immangeables en raison de leur saveur piquante. Pour déterminer la comestibilité d'une Russule, on peut goûter à un petit

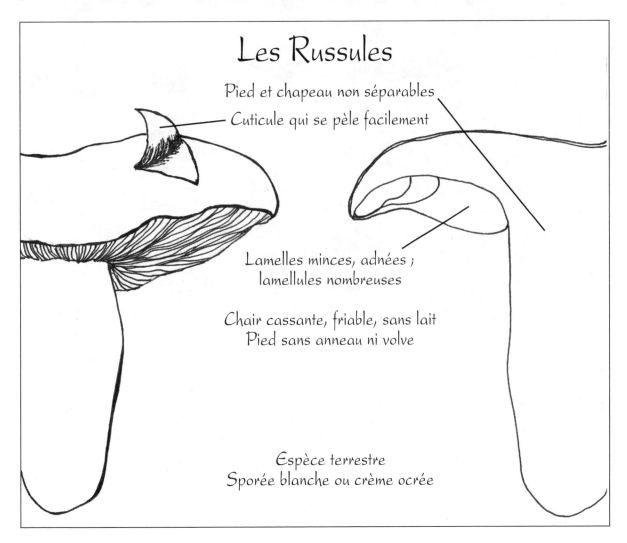

Les Russules

Pied et chapeau non séparables
Cuticule qui se pèle facilement

Lamelles minces, adnées ;
lamellules nombreuses

Chair cassante, friable, sans lait
Pied sans anneau ni volve

Espèce terrestre
Sporée blanche ou crème ocrée

morceau ; si la saveur est douce, l'espèce est comestible et si elle est âcre ou amère, elle est non comestible. N'oubliez pas que cette pratique est véridique seulement pour les Russules et les Lactaires. On ne peut déterminer la comestibilité d'aucun autre genre de cette façon. Souvenez-vous que les Amanites mortelles n'ont pas mauvais goût.

Les Russules n'ont pas une réputation gastronomique extraordinaire, mais certaines d'entre elles sont quand même agréables au goût. La Russule charbonnière (*Russula cyanoxantha*), la Russule de Peck (*Russula pecki*) et la Russule verdoyante (*Russula virescens*) sont parmi les meilleures Russules que l'on retrouve au Québec.

Illustration 32

Les Russules

Les Tricholomes

Les Tricholomes forment une grande famille de champignons dont plusieurs espèces sont recherchées des gastronomes. Il faut un peu d'expérience avant de se familiariser avec ce genre et de pouvoir les identifier facilement. Les principales caractéristiques des Tricholomes sont leurs lamelles échancrées, la surface de leur cha-peau à texture lisse, vergetée radialement ou fibrilleuse et leur pied fibreux qui se déchire sur le long. Certains Tricholomes comestibles ont des cousins vénéneux dont il faut se méfier. Vous rencontrerez sûrement le Tricholome à odeur de savon (*Tricholoma saponaceum*), un beau champignon qui abonde dans les forêts de conifères, mais il

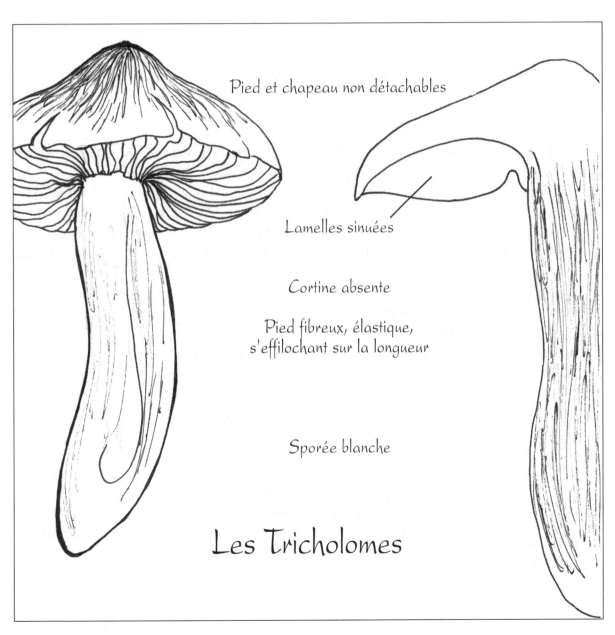

Pied et chapeau non détachables

Lamelles sinuées

Cortine absente

Pied fibreux, élastique, s'effilochant sur la longueur

Sporée blanche

Les Tricholomes

est malheureusement immangeable. Le Tricholome vergeté (*Tricholoma virgatum*), facilement reconnaissable avec son mamelon pointu et noir, est également très commun dans les bois québécois, mais immangeable. Les connaisseurs rechercheront le Tricholome équestre (*Tricholoma flavovirens*), un excellent champignon que l'on ne doit pas confondre avec le Tricholome disjoint (*Tricholoma sejunctum*).

En fait, ces deux espèces se ressemblent, mais quoique comestible, le Tricholome disjoint est amer. Le Tricholome prétentieux (*Tricholoma portentosum*) est très bon ; c'est un des champignons que l'on se dispute aux écureuils. Il faut éviter de le confondre avec le Tricholome tigré (*Tricholoma pardinum*) et quelques autres Tricholomes de couleur grise qui semblent douteux et qui causent des troubles gastro-intestinaux.

Les Clitocybes

Les Clitocybes appartiennent à une grande famille de champignons dont la plupart des espèces sont assez difficiles à identifier. Les Clitocybes sont de tailles variées, mais la plupart du temps, ils ont la forme d'un entonnoir et possèdent des lamelles décurrentes rarement fourchues. Sans anneau ni volve, ils produisent une sporée blanche. Outre les espèces comestibles, il faut se méfier du Clitocybe des feuilles, du *Clitocybe phyllophila*, du Clitocybe blanc de plomb et du *Clitocybe cerassata*. Quoique plutôt rares au Québec, ces deux petits Clitocybes blancs sont réputés vénéneux et peuvent être confondus avec le Clitopile petite prune.

Les espèces que l'on rencontre le plus souvent sont le Clitocybe morbifère (*Clitocybe dealbata*) et le Clitocybe des bords de routes (*Clitocybe rivulosa*). Le Clitocybe morbifère pousse sur les gazons et peut être confondu avec les Marasmes d'Oréade. Le Clitocybe à pied renflé (*Clitocybe clavipes*), champignon très commun, est facilement reconnaissable par son pied en forme de massue qui contient toujours beaucoup d'eau. En pressant la base du pied avec ses doigts, on réussit toujours à en extraire quelques gouttes de son eau, voire même jusqu'à une bonne cuiller à soupe. Comme le dit si bien René Pomerleau : « Il ne brille pas par sa saveur, mais il arrondit une maigre récolte. » Il faut éviter de consommer le Clitocybe à pied renflé avec de l'alcool, car il causerait des intoxications de type coprinien. Si vous le faites sécher, ne l'incorporez pas à votre mélange forestier à moins d'être sûr que vous ne consommerez jamais ces champignons avec de l'alcool. Les Clitocybes ne sont donc pas conseillés aux débutants. Cependant, je vous recommande de bien les observer quand vous en trouverez si vous voulez les apprivoiser. Les Clitocybes ombonés (*Clitocybe umbonata*) et les Clitocybes orangés (*Clitocybe aurantiaca*) sont présentés dans la section des Chanterelles.

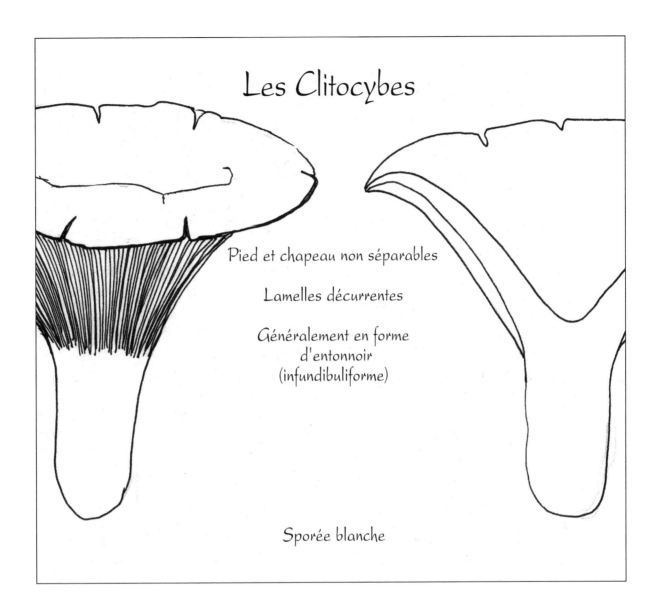

Les Clitocybes

Pied et chapeau non séparables

Lamelles décurrentes

Généralement en forme
d'entonnoir
(infundibuliforme)

Sporée blanche

Les Marasmes (ou Mousserons)

La famille des Marasmes comprend plusieurs petites espèces. Deux principales caractéristiques les distinguent : un pied fibreux qui ne casse pas à la torsion et une chair imputrescible qui se dessèche au lieu de pourrir. La sporée des Marasmes est blanche. Je me souviens de ma mère qui cueillait ces petits champignons quand j'étais petite. Lorsque j'en ai moi-même cueilli des années plus tard, je n'étais pas certaine si c'était bien des Mousserons, jusqu'à ce que je les sente. L'odeur ne trompe pas. Si le champignon ne sent rien, ce n'est définitivement pas un Marasme d'Oréade.

Lorsque vous ferez de belles grosses récoltes de Marasmes d'Oréade et que vous les garderez au frais, le parfum agréable de ce champignon saisira vos narines et jamais vous n'oublierez cette odeur caractéristique. Pendant les pluies chaudes de juillet, vous remarquez peut-être dans l'air ce même parfum subtil qui annonce que les Mousserons sont enfin sortis. Au Québec, on retrouve deux espèces intéressantes de Marasmes.

Le Marasme d'Oréade

(Marasmius oreades)

Les Marasmes d'Oréade poussent en « ronds de sorcières » sur les gazons. Les cueilleurs inexpérimentés doivent se méfier et toujours être attentifs pour ne pas cueillir les autres petits champignons bruns qui poussent parfois en même temps et aux mêmes endroits que le Marasme d'Oréade. On peut cependant facilement distinguer ce dernier des autres par son odeur caractéristique de noisette.

Le Marasme à odeur d'ail

(Marasmius scorodonius)

Les Marasmes à odeur d'ail sont de très petits champignons qui poussent sur les aiguilles de conifères tombées au sol. Je spécifie tombées au sol parce que lors d'une conférence, j'avais parlé de ces champignons qui poussent sur des aiguilles de conifères et quelle ne fut pas ma surprise lorsque nous avons vu une talle de ces petits Marasmes et qu'une dame tout étonnée me dise : « Ah ! Mais je croyais qu'ils poussaient sur les aiguilles dans les arbres ! » J'ai l'image de ces mignons petits champignons poussant dans les arbres. Donc, au sol sous les conifères, ils poussent en très grande quantité. Ils ont beaucoup de goût mais ils sont si petits qu'il

faut beaucoup de patience pour les cueillir. Il est plus facile de les cueillir avec des petits ciseaux ; on ne doit couper que le chapeau. On peut les mettre dans l'huile et s'en servir pour cuisiner ou les faire sécher et les utiliser comme condiments. Si vous avez la patience pour cueillir des fraises des champs, vous aurez la patience pour cueillir ces petits Marasmes.

Les ronds de sorcières

Plusieurs espèces de champignons poussent en « ronds de sorcières », mais ces cercles sont souvent difficiles à observer dans les bois. En forêt, les champignons semblent parfois former une ligne sur le sol, mais si vous observez bien, vous verrez qu'il s'agit plutôt d'un cercle. Les cercles produits par le mycélium des Marasmes d'Oréade dans les gazons sont assez apparents. Les zones de gazon vert foncé laissent supposer la présence du mycélium qui, en décomposant la matière, produit des composés azotés qui engraissent le gazon. Ces substances azotées se retrouvent parfois en si grande concentration que le gazon en meurt. De grands cercles jaunes apparaissent où le mycélium a passé.

« Il existe, dans les grandes prairies américaines, des cercles qui atteignent un ou deux kilomètres de diamètre. Si on calcule qu'ils avancent en moyenne de 40 cm par an, on imagine facilement leur grand âge. » (« Guide des champignons », *Sélection du Reader's Digest*). La forme circulaire est due au fait que le mycélium épuise le terrain sur lequel il a fructifié et va conquérir autour de lui un terrain nouveau. Ainsi le mycélium prend une forme annulaire.

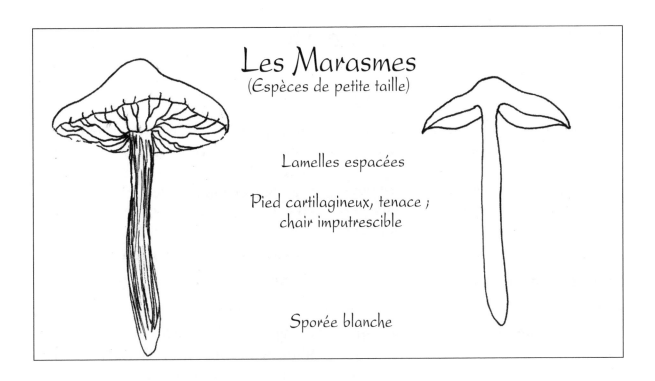

Les Marasmes
(Espèces de petite taille)

Lamelles espacées

Pied cartilagineux, tenace ;
chair imputrescible

Sporée blanche

Marasmes d'Oréade

À quatre pattes dans le cimetière,
Je cueille des Marasmes d'Oréade
Qui poussent en ronds de sorcières.

Pierres récentes et pierres anciennes
Gravées de noms que je reconnais
Me livrent une partie d'histoire
Des gens de mon village.

Croix de fer, croix de pierre
Je pense à ceux,
Six pieds sous terre,
Qui engraissent la terre de leurs vieux os
Et qu'un jour ce sera mon tour.

En remplissant mon panier de petits champignons,
Je me dis qu'après tout,
Ce ne serait pas si mal
De revivre sous forme de champignon !

Les Collybies

Les Collybies sont des espèces charnues de taille moyenne ou faible. Leur principale caractéristique est la consistance cartilagineuse, fibreuse et élastique du pied, souvent tordu sur lui-même, comme les Marasmes. Par contre, les Collybies sont putrescibles.

La Collybie butyracée

(*Collybia butyracea*)

On trouve la Collybie butyracée partout et presque en tout temps. Comestible médiocre ? Je dirais qu'elle n'est pas si mauvaise, mais étant donné la grande quantité qu'elle produit, on l'incorpore volontiers à une petite récolte ou au mélange forestier qu'elle complète bien. La Collybie butyracée est difficile à identifier pour un débutant et de surcroît, elle change beaucoup de forme et de couleur. Sa sporée est blanche ou incarnat pâle.

La Collybie à larges feuillets

(*Collybia platyphylla*)

La Collybie à larges feuillets est un champignon de grande taille au chapeau fibrilleux et noirâtre, aux lamelles très larges et au pied rigide. Elle pousse sur les troncs pourris et les racines, du printemps à l'automne. On la consomme volontiers quand les autres champignons se font rares.

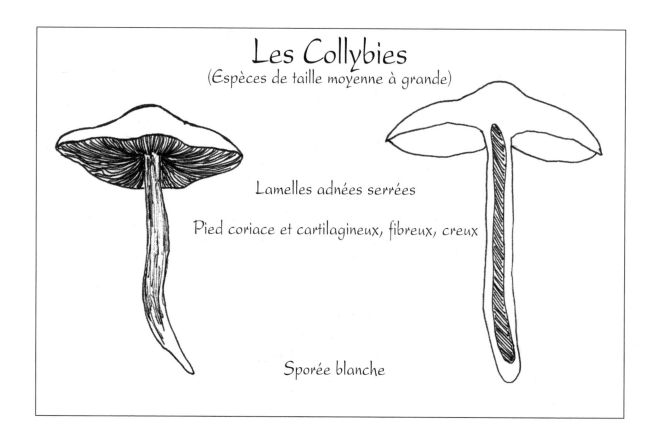

Les Collybies
(Espèces de taille moyenne à grande)

Lamelles adnées serrées

Pied coriace et cartilagineux, fibreux, creux

Sporée blanche

Les champignons à tubes

Les Polypores

Les tubes des Polypores sont si fins, les pores tellement petits, qu'à l'œil nu, on a l'impression que la surface sous le champignon est lisse. Une loupe révèle clairement les petits orifices d'où sortent les spores qui sont produites par les Polypores en quantité innombrable. Parce qu'elle tombe en si grand nombre, la sporée est visible à l'œil nu lorsqu'elle s'échappe du champignon. On peut également apercevoir une accumulation de sporée sous forme de poudre sur les plantes et les débris environnants. Imaginez combien de spores individuelles se trouvent dans 1/2 cm de poudre de spore !

La plupart des Polypores ont une texture très coriace, ce qui les rend immangeables. Lorsque le Polypore est très jeune, comme dans le cas du Polypore écailleux (*Melanopus squamosus*), sa texture ferme mais tendre permet de le consommer. Plus tard dans la saison, il devient de plus en plus coriace et complètement dur et noir à l'automne. Les Polypores ont une croissance indéfinie, et une rangée de tubes s'ajoute sous leur chapeau chaque année, jusqu'à ce que le support alimentaire (l'arbre) soit épuisé. Il n'est pas rare de voir les tubes du Polypore changer complètement de direction lorsque son support modifie sa position par rapport au sol, formant alors d'étranges sculptures.

Les Polypores sont des champignons parasites qui détruisent l'hôte sur lequel ils vivent. Ils réduisent rapidement en charpie le bois des souches qui prendraient autrement une éternité à se décomposer.

Les Polypores sont aussi la maison de plusieurs insectes dont le *Bolitotherus* qui se nourrit de matériel organique en décomposition. Ce dernier a donc et sa maison et sa nourriture à proximité.

Illustration 33

Le couple de Bolitotherus sur la terrasse de leur maison

Les Bolets

Les Bolets sont des champignons à tubes dont le chapeau a une croissance définie au moment de l'épanouissement. Les tubes sont un peu plus gros que chez les Polypores et il est possible de voir les spores à l'œil nu. Les Bolets croissent en majorité sur le sol, parfois sur le bois et sont souvent associés à des essences spécifiques d'arbres, de feuillus ou de conifères. Comme nous n'avons pas, au Québec, d'espèces de Bolets toxiques ou mortels, c'est une des premières familles avec laquelle on peut expérimenter sans risque d'intoxications graves.

À l'exception du Bolet Satan (*Boletus satanas*), inexistant au Québec et dans le nord-est de l'Amérique du Nord et que l'on dit indigeste, et du Bolet amer (*Tylopilus felleus*) à saveur désagréable, on ne retrouve pas d'espèce vénéneuse dans ce groupe. En revanche, les Bolets comprennent des entités comme le Cèpe (*Boletus edulis*) classé parmi les très bons ou excellents champignons comestibles (*Flore des champignons au Québec et régions limitrophes*).

Cependant, attention ! Cela ne signifie pas que vous pouvez manger tous les champignons à tubes que vous rencontrez sans prendre soin de les identifier. Certains sont très médiocres au goût et d'autres peuvent occasionner des troubles gastriques plutôt désagréables. Par exemple, le Bolet à pied rouge (*Boletus erythropus*) est un bon comestible à condition d'éliminer le pied qui est coriace et difficile à digérer.

Les Bolets cèpes
(*Boletus edulis*)

Ce type de Bolet est l'un des meilleurs champignons que l'on cueille au Québec. On le retrouve parfois en grande quantité. Les Cèpes poussent souvent au bord des chemins, sous les conifères, dans la mousse et les lieux sablonneux où l'on retrouve aussi des bleuets et des mûres. Faute de champignons, vous pouvez toujours cueillir ces petits fruits, ce qu'il m'arrive souvent de faire si les champignons se font rares. Pourquoi laisser une belle talle de framboises ou de bleuets qui vous sont offerts si gracieusement par dame nature ! Le Bolet cèpe que l'on cueille ici au Québec est différent au goût du Cèpe européen (ce dernier est plus parfumé et savoureux), mais il vaut quand même la peine d'être cueilli et cuisiné.

Les Cèpes ont un gros pied bulbeux finement réticulé (c'est-à-dire orné d'un filet) sous le chapeau dont la chair amande ne change pas de couleur à la cassure. Les tubes, qui se détachent facilement du chapeau, sont ronds et fins, de la même couleur que la chair au début, puis deviennent jaunâtre à olivâtre avec l'âge. Le dessus du chapeau est d'un beau brun jaunâtre à rougeâtre, rappelant la couleur et la texture de la croûte d'un pain maison. La chair du chapeau est épaisse, blanchâtre à amande, ferme chez les jeunes spécimens puis devenant plus molle en vieillissant. Ce qui est plus désagréable chez les Cèpes, c'est qu'ils sont souvent piqués des vers qui semblent faire partie du champignon. En fait, quand on regarde bien, on peut apercevoir les œufs de ces vers dans le champignon lorsqu'on le coupe en deux, soit dans le pied ou dans les tubes. Les minuscules amas ovales jaune foncé sont facilement repérables et s'enlèvent sans trop de difficulté à ce stade. Il n'est absolument pas dangereux de les manger ; ces vers ne sont pas un signe de pourriture. Ils se trouvent dans leur maison qui leur sert également de garde-manger. Quand il n'y a pas trop de vers, ceux-ci tomberont du champignon lors du séchage. Si la technique de séchage n'est pas adéquate, les vers mangeront le champignon avant vous !

Lors de mes premières cueillettes, lorsque je trouvais des Cèpes, je les ramenais à la maison afin d'accommoder un mets. J'essayais d'oublier les quelques petits vers qui pouvaient encore se retrouver dans les champignons, mais mon plat se retrouvait plus souvent qu'autrement à la poubelle. Un jour, j'ai fait une belle cueillette de Bolets à pied glabre (*Leccinum subglabripes*), de Chanterelles et de Cèpes. Coupés en gros morceaux, les champignons de couleur orange, jaune et beige placés sur le fond noir du poêlon produisaient un effet très joli et j'ai pris quelques photos. J'ai donc fait cuire mes champignons et je les ai mangés. Quelques semaines plus tard, lorsque j'ai reçu mes photos, j'ai remarqué qu'il y avait, en plein milieu du poêlon, une belle limace qui se promenait sur les champignons. Depuis que j'ai mangé cette limace, je ne me préoccupe plus des petits vers qui habitent les champignons. Néanmoins, j'ai vraiment appris à apprécier les Cèpes lorsque j'ai réussi à les faire sécher, car ils sont beaucoup plus parfumés. Aujourd'hui, je fais sécher toutes mes cueillettes de Bolets et je les utilise dans les soupes, les sauces et pour parfumer les viandes.

Le Bolet orangé
(*Leccinum aurantiacum*)

Parfois confondu avec le Cèpe, il en diffère par la couleur nettement orangée de son chapeau et par son pied blanc orné d'aspérités noirâtres. De plus, la couleur de la chair noircit à la cassure. C'est un bon champignon, surtout lorsqu'il est séché.

Le Bolet à pied glabre
(*Leccinum subglabripes*)

Le Bolet à pied glabre est un Bolet de petite taille comparativement aux deux autres Bolets décrits plus haut. On le reconnaît à son chapeau jaune ocre et à sa chair jaune et immuable. Son pied est également jaune et tacheté de rouge à la base. Le Bolet à pied glabre fait son apparition assez tôt au début de la saison estivale, dans les bois mêlés. Une fois séché, il dégage un parfum très accentué presque désagréable, mais en sauce ou en soupe, ce parfum corsé s'atténue et le goût est exquis.

Il est également fascinant de découvrir les Bolets qui poussent en association avec certaines espèces d'arbres et qui sont faciles à découvrir. Le Bolet élégant (*Boletinus grevillei*) et le Bolet à pied creux (*Boletinus cavipes*) sont toujours associés aux mélèzes. Le Bolet granulé (*Suillus granulatus*) et le Bolet jaune (*Suillus luteus*) sont associés aux pins. Les Bolets qui sont très gluants (le Bolet des mélèzes), surtout quand il pleut, ont tout intérêt à être bien nettoyés et séchés. Le nettoyage est ardu parce que les aiguilles des conifères et autres débris restent collés dans la glu même en les cueillant soigneusement. Pour nettoyer ces champignons, il est préférable de ne pas les passer à l'eau, mais d'utiliser plutôt un chiffon propre et d'essuyer le chapeau pour enlever le plus de débris possible. Au besoin, utilisez plus d'un chiffon.

Le Bolet amer
(*Tylopilus felleus*)

Le Bolet amer ou l'imposteur est ainsi nommé parce que tout cueilleur finit par se faire prendre au piège un jour ou l'autre, surtout lorsqu'il a acquis une certaine confiance en ce qui a trait aux cueillettes. Laissez-moi vous expliquer. J'étais très fière la première fois que j'ai trouvé ces beaux « Cèpes » fermes qui n'étaient pas piqués des vers. Puis j'ai eu un doute et je les ai goûtés. Immangeables, leur saveur acidulée et amère ne trompe pas. J'ai quand même été chanceuse de m'en apercevoir tout de suite parce qu'ils se retrouvent souvent dans le poêlon avec les bons champignons ou pire encore avec les champignons séchés ou dans votre mélange de bons Bolets et vous gaspillez tout ! Le Bolet amer a une teinte rosée (le vrai Cèpe est plutôt jaunâtre et sa sporée est brun olivâtre), ses tubes sont blanc rose devenant rosâtres avec l'âge. Son pied est grossièrement réticulé de haut en bas et sa sporée est rose brunâtre. Le Bolet amer croît sur les souches de pruches et sur les souches d'essences de feuillus. Le Cèpe véritable se récolte sur le sol.

Illustration 34

Le Bolet cèpe

Cueillette au bord du chemin

Un ami, qui est un passionné des plantes sauvages, et moi
Partons des journées entières
Sur les chemins de campagne
Cueillir des champignons.
Par un mois de juillet humide et chaud,
Les pluies de la veille ont fait pousser à profusion et côte à côte
Des multitudes d'Amanites tue-mouches et, fruits de nos convoitises,
D'énormes Cèpes.
Avant même d'arriver à destination
J'arrête mon camion
Parce que nous voyons de beaux spécimens
Au bord du chemin.

C'est ainsi que, tout à notre affaire,
Surveillant les lieux habités pour ne pas incommoder les gens,
Nous nous retrouvons à quatre pattes sous une allée de sapins
Bordant un terrain coquet
Où les habitants semblent absents.
Fascinés par les magnifiques Bolets qui s'offrent à nous,
Nous cueillons sans nous soucier de ce qui ce passe autour de nous.

Après un certain temps,
Lorsque nous retournons au camion,
Nous apercevons la voisine de l'autre côté du chemin
Qui, les deux mains sur les hanches,
Nous guette d'un air accusateur.

Des champignons, Madame, nous cueillons des champignons
Que nous lui disons en brandissant nos plus beaux spécimens pour la rassurer.
Mais rien n'y fait, son visage exprime une telle suspicion
Que sans insister davantage nous reprenons notre chemin,
Désormais surveillant
Nos arrières comme nos avants.

Les champignons à plis

Les Chanterelles

Les Chanterelles appartiennent à un genre qui se différencie des autres par des plis décurrents, plus ou moins saillants, souvent réduits à de simples rides qui se divisent successivement (anastomosés). Chez certaines espèces, les plis sont presque absents. Ces champignons, qui ne possèdent pas de voile ni de volve, ont un pied central non détachable du chapeau. Ils ont généralement la forme d'un entonnoir.

Ce genre comprend plusieurs espèces comestibles faciles à identifier. La plus connue est la Girolle ou Chanterelle ciboire ou Chanterelle commune. C'est un beau champignon jaune orangé en forme d'entonnoir et au parfum fruité. La Girolle pousse en talle parfois abondante, toujours aux mêmes endroits année après année. Quiconque a déjà eu la chance de trouver ce champignon en forêt connaît un instant de pur bonheur. Si vous côtoyez des néophytes au moment de votre trouvaille, ces derniers se demanderont bien quelle mouche vous a piqué, jusqu'à ce que cette mouche les pique aussi.

On retrouve régulièrement au Québec cinq sortes de Chanterelles : la Chanterelle ciboire dont je vous ai parlé plus haut, la Craterelle ou Chanterelle noire, aussi appelée Trompette de la mort et qui, malgré ce nom très lugubre, est un comestible des plus savoureux, la Chanterelle en tubes, la Chanterelle clavaire et la Chanterelle floconneuse.

La Craterelle
(*Craterellus fallax*)

La Craterelle est aussi appelée Fausse corne d'abondance ou Trompette de la mort. Malgré son nom lugubre de Trompette de la mort, ce champignon au goût délicat est un excellent comestible. Par contre, en plus d'être très rare, il est très difficile à repérer même pour le cueilleur averti. Un jour, j'ai amené des amis dans une talle et même si je leur disais que les Craterelles étaient là, à leurs pieds, ils ont pris un certain temps avant de les voir. Voilà pourquoi je leur ai montré cette talle ; je voulais leur apprendre à discerner cette espèce. Et si jamais ils réussissent à retrouver ma talle sans mon aide, je leur laisse leur butin ! Ce type de Chanterelles se camoufle très bien dans les feuilles. Ceci dit, gardez en mémoire que ce délicieux champignon pousse dans les forêts de feuillus et les bois mêlés en été ou à l'automne et soyez aux aguets, car les Craterelles aiment bien se cacher sous les hêtres.

La Chanterelle clavaire
(*Gomphus clavatus*)

C'est un excellent champignon que l'on retrouve généralement en grande quantité dans les forêts de conifères ou les bois mêlés, à la fin de l'été et en automne. Il est facile à identifier et impossible à confondre avec une autre espèce.

Illustration 35

Les Chanterelles

La Chanterelle en tube

(*Cantharellus tubaeformis*)

Cette petite Chanterelle ne se compare aucunement aux trois autres côté saveur et parfum, mais elle est parfaite dans un mélange forestier. Ce champignon est commun et pousse en grande quantité dans les tourbières ou dans les dépressions humides, en été et en automne.

La Chanterelle floconneuse

(*Gomphus floccosus*)

Un jour, j'ai trouvé un exemplaire de ce champignon si énorme que je pouvais m'en faire un chapeau ! Cette belle Chanterelle est considérée comme un comestible, mais il faut faire attention parce qu'elle s'avère plus ou moins laxative pour certaines personnes. Essayez-en de petites quantités à la fois pour noter quel effet elle a sur vous. Si tout va bien, mélangez-la avec la Chanterelle ciboire dont elle prendra toute la saveur fruitée.

La Chanterelle orangée

(*Clitocybe aurantiaca*)

Cette Chanterelle porte son nom en raison de sa couleur orangée et de sa forme en entonnoir. Ses lamelles véritables la classent parmi les Clitocybes. On la rencontre fréquemment sur les souches de bois pourries (autre différence puisque les vraies Chanterelles sont humicoles). Insipide, la Chanterelle orangée met de la couleur au mélange forestier.

La Chanterelle ombonée

(*Cantharellula umbonata*)

Encore une fois, ce champignon n'est pas une vraie Chanterelle. Mais sa forme en entonnoir et ses lamelles décurrentes lui valent encore le surnom de Chanterelle. Poussant dans la mousse, ce champignon très commun se cueille partout au Québec. Il est facile à reconnaître par son habitat, ses lamelles blanches, plusieurs fois ramifiées et tachetées de rouge sur les espèces plus âgées. C'est un assez bon comestible ; il suffit d'avoir assez de patience pour pouvoir les cueillir. De plus, on retrouve la Chanterelle ombonée tôt en saison jusqu'à tard l'automne.

Les champignons à aiguillons

Les Hydnes

Ce groupe de champignons est très facile à reconnaître parce que la surface qui produit les spores est recouverte d'aiguillons, ce qui le distingue des autres groupes. Aucun Hydne n'est toxique ; certains sont même très appréciés. Je vous décrirai ci-après les espèces qui ne sont pas coriaces, c'est-à-dire l'Hydne sinué (*Hydnum repandum*), l'Hydne tête d'ours (*Hericium ramosum*), l'Hydne corail (*Hericium coralloides*), l'Hydne écaille de tortue (*Hydnum imbricatum*) et le Trémellodon gélatineux (*Pseudohydnum gelatinosum*).

L'Hydne sinué

(*Hydnum repandum*)

Aussi appelé Pied de mouton, ce champignon à chair friable est le plus savoureux de son groupe. L'Hydne sinué, qui pousse dans les forêts de feuillus ou dans les bois mêlés, semble souvent se cacher sous les hêtres. Son parfum délicat et sa texture en font un comestible très recherché.

L'Hydne imbriqué ou Écaille de tortue ou Barbe de bouc

(*Hydnum imbricatum*)

Ce champignon à chair assez ferme et au goût prononcé n'est pas le favori de tous. Cependant, un essai s'impose, car il vaut la peine d'être goûté. C'est un champignon qui ne peut être confondu avec aucun autre et que vous pouvez ajouter à vos cueillettes sans crainte.

L'Hydne corail

(*Hericium corralloides*)

et l'Hydne tête d'ours

(*Hericium ramosum*)

Ce gros champignon spectaculaire qui pousse sur les arbres feuillus, surtout sur les hêtres, est un comestible acceptable. On peut le faire mariner et l'assaisonner à son goût.

Le Trémellodon gélatineux

(*Pseudohydnum gelatinosum*)

Ce drôle de champignon à texture gélatineuse n'a pas tellement de saveur. Sa texture fait en sorte qu'il est drôle à goûter et il peut se consommer cru en salade.

Autres espèces de champignons

Les Vesses-de-loup

Il existe un grand nombre d'espèces de Vesses-de-loup (*Lycoperdon*). Leur taille peut varier de la grosseur d'une noisette à celle d'une citrouille moyenne. À maturité, le contenu des Vesses-de-loup se transforme en une matière virulente ou spongieuse, la glèbe, d'où, à la moindre pression, s'échappe un nuage de poussière qui est en fait les spores du champignon. Les Vesses-de-loup sont comestibles lorsqu'elles sont blanches et fermes à l'intérieur. Certaines espèces sont meilleures que d'autres, par exemple la Vesse-de-loup perlée (*Lycoperdon perlatum*) que l'on reconnaît aux ornements en forme de petites boules blanches qui couvrent le chapeau. Si vous cueillez ce champignon, il est préférable de le mettre dans un sac à part sinon toute votre récolte sera perlée.

Un autre champignon en forme de boule que l'on rencontre assez fréquemment est le Scléroderme vulgaire (*Scleroderma aurantium*). La peau du Scléroderme, qui est très épaisse, est couverte de grosses écailles brunes. Quand on le coupe en deux, le Scléroderme est noir, même chez les jeunes spécimens. Il sent le caoutchouc ou les pneus et n'est pas comestible.

La Vesse-de-loup est un champignon facile à reconnaître, car il pousse en abondance partout dans nos forêts. Même si ce n'est pas un grand cru, il vaut la peine d'être cueilli.

Les Clavaires et analogues

Voici une panoplie de champignons aux formes de corail, de massue ou de chou-fleur. Pour les grands mycologues amateurs de microscopes, les sous-divisions de cette catégorie sont sûrement très importantes. Mais pour nous, amateurs de mycologie, ce sont des Clavaires, et dans les guides généraux, nous les retrouvons aussi sous ce nom. La plupart des livres ne donnent pas beaucoup d'explications sur ce genre. On considère les espèces de cette catégorie comme des comestibles moyens. La plupart des Clavaires ne sont pas vénéneuses ; certaines sont légèrement laxatives et la Clavaire élégante (*Clavulina formosa*) est fortement laxative.

La Clavaire cendrée
(*Clavuline cinera*)

La Clavaire cendrée est mon type de Clavaire préféré. Elle pousse en abondance dans les forêts de conifères, sur le sol, en colonie. Elle est de couleur blanchâtre tachetée de noir cendré. Une fois nettoyée et séchée, elle est très parfumée. La Clavaire cendrée accompagne délicieusement le poulet ou le lapin. Sa sporée est blanche.

La Clavaire dorée

(*Ramaria aurea*)

On dit de la Clavaire dorée qu'elle est légèrement laxative ; pourtant certaines personnes la consomment sans problème. C'est un très beau champignon robuste, blanc à la base, aux rameaux courts et serrés, jaune or, jaune orangé, jaune d'œuf, jaune ocré devenant plus foncé avec l'âge. Sa chair est blanche, immuable, ferme et assez fragile. La Clavaire dorée pousse dans les bois de conifères ou de feuillus, en été et en automne. Sa sporée est crème ou ocre.

Il faut bien différencier la Clavaire dorée de la Clavaire élégante (*Clavaria formosa*) à saveur amère, aux rameaux moins serrés, de couleur plus foncée, ocre orangé rosâtre et qui est laxative. Toutes les autres Clavaires, Clavulines, Ramaires et analogues sont des comestibles médiocres ou détestables selon René Pomerleau.

Les Morilles et les Gyromitres

De si laids champignons !

Un ami, qui demeure à Val-David, me mentionnait qu'il pousse sur son terrain, au printemps, d'étranges champignons. Je ne portais pas trop attention à ses propos croyant qu'il s'agissait probablement de vulgaires Gyromitres si abondants au Québec et souvent confondus avec la Morille. De plus, je me disais que les Morilles étaient très rares, sinon absentes dans les Laurentides.

Par une belle journée de printemps, je me trouvais chez lui au bon moment, car il me dit : « Guylaine, veux-tu voir un champignon qui est laid, mais vraiment laid ? » Il me mène près d'un pommier, s'accroupit, tasse le gazon avec ses doigts et me montre cette blonde beauté qui me coupe le souffle. Mais c'est une Morille ! Pour un instant, j'ai eu envie de lui dire que c'était un champignon quelconque voire même vénéneux… Je lui avoue que cette « horreur » était un délice des dieux très recherché des amateurs de champignons. Il me confie que, depuis des années, il les coupe avec sa tondeuse ! Mon cœur de mycologue se serre à cet aveu, pensant à toutes ces belles Morilles avalées par la tondeuse. Il me laisse cueillir les merveilles et je me suis régalée ! Je suis retournée chercher une deuxième poussée quelques jours plus tard. Quand je retourne la troisième fois, je vois que les nouvelles pousses ont été coupées. Lorsque je m'informe sur le sort de mes protégées, mon copain me confie qu'il avait osé y goûter. Je vous en donne ma parole, il ne les passera jamais plus sous sa tondeuse ! C'est avec impatience que chaque printemps, j'espère recevoir des nouvelles de mon ami « éleveur de Morilles ». Il faut parfois attendre jusqu'à la fin de mai et même parfois jusqu'au début juin pour voir poindre ces belles Morilles.

Deux ans après cette merveilleuse découverte, par un printemps doux et pluvieux, son gazon était parsemé de belles Morilles. Nous devions faire attention de ne pas marcher dessus. C'est que pendant toutes ces années, avec sa tondeuse, mon ami a étendu les spores des Morilles partout sur son terrain, technique efficace mais que je ne recommande quand même à personne. Afin de ne pas marcher sur les petites Morilles que nous voulions laisser pousser un jour ou deux, je lui ai suggéré de mettre des petits bâtons à côté de chaque champignon. Ce qu'il fit sous le regard étonné de son épouse et de ses enfants. Comme s'il était impossible de trouver de telles merveilles dans sa cour ! Il passait quand même sa tondeuse en contournant les Morilles. Lorsque je rencontrais son épouse, elle me demandait tout le temps : « Est-ce qu'on peut tondre tout le gazon maintenant ? »

Les Gyromitres

Les Gyromitres font leur apparition tôt au printemps, dès que la neige fond et que le sol est chauffé par le soleil. On les cueille de la mi-avril jusqu'au début mai. Ce robuste champignon se cache sous les conifères et sur les terrains sablonneux où on le rencontre fréquemment. Il ressemble à une grosse cervelle d'un brun rouge qui noircit avec l'âge. Sa durée de croissance peut facilement atteindre deux à trois semaines. Il règne autour du Gyromitre une certaine confusion et on ne peut ignorer qu'il peut parfois être très dangereux même si les causes exactes qui provoquent les intoxications sont incertaines.

En effet, le Gyromitre contient un poison que la chaleur de la cuisson détruit. Ceux qui consomment ce champignon doivent donc le faire bouillir pendant trois minutes et ce, à deux reprises, en prenant soin de jeter l'eau de cuisson chaque fois. Ensuite, il faut rincer les morceaux et bien les faire cuire avant de les utiliser dans une recette. D'après moi, il ne doit plus rester beaucoup de goût aux champignons après toutes ces opérations et on doit admettre qu'il y a encore des risques d'empoisonnement. Certains livres mentionnent que des cas d'empoisonnement par Gyromitres sont notés après avoir consommé plusieurs portions de ce champignon dans une courte période de temps. Le poison s'accumulerait par petites doses qui resteraient dans le système et qui réagiraient à un point critique. Si vous ressentez des symptômes d'empoisonnement après avoir consommé des Gyromitres, consultez d'urgence un centre antipoison.

Par contre, certaines personnes mangent des Gyromitres sans aucun problème depuis des années. En raison de la confusion qui règne autour de ce champignon et des nouveaux cas d'empoisonnement qu'on rapporte chaque année, mieux vaut s'abstenir de consommer ce champignon douteux qui peut causer du tort à votre santé. Concentrez vos recherches sur les Morilles qui sont plus sécuritaires et plus savoureuses !

Les Morilles

La Morille apparaît plus tard que le Gyromitre, alors que les pluies chaudes de la fin mai font sortir ses premières feuilles roses et vert tendre. La Morille est associée aux pommiers, aux peupliers baumiers et aux peupliers faux trembles. Dans le Grand Nord, elle croît également après un feu de forêt (pendant environ sept ans), puis elle disparaît. La forme conique de la Morille la distingue totalement du Gyromitre qui lui est parfois appelé à tort « Fausse Morille ». La Morille est également beaucoup plus rare que le Gyromitre, ce qui la rend d'autant plus précieuse pour ceux qui la recherchent. Qu'elle soit noire ou blonde, la Morille sort assez rapidement après la pluie. Sa période de croissance est beaucoup plus rapide que celle du Gyromitre. Après deux ou trois jours, elle commence déjà à se décomposer. Le goût fin, délicat et exquis de la Morille demande qu'on la cuisine sans la brusquer, car elle ne supporte pas les goûts forts, trop épicés ou la cuisson à feu vif.

Illustration 36

Les Morilles

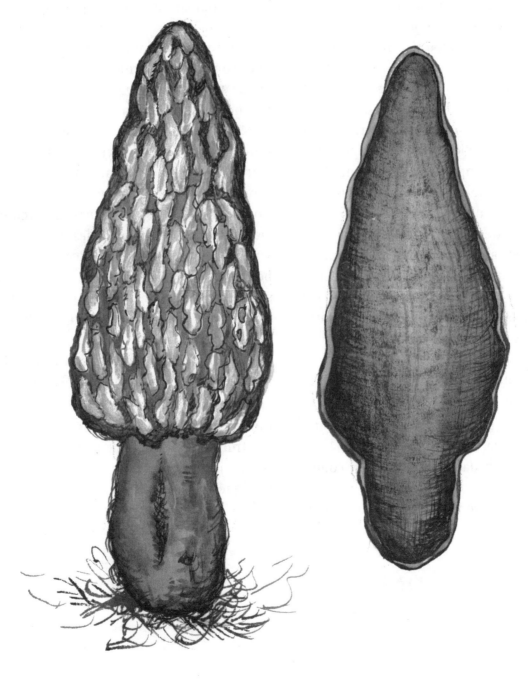

Les diamants noirs

Les Truffes

Les meilleures truffes qu'on retrouve au Québec se vendent chez le chocolatier. Les sous-produits à saveur de truffes vendus dans les boutiques ou les aéroports se vendent très cher et ne sont pas bons. C'est comme si vous achetiez du sirop d'érable en Arabie Saoudite (si vous en trouviez) ; il serait très dispendieux et son goût ne pourrait pas se comparer à celui que l'on retrouve à la cabane à sucre au Québec. Si vous allez en Italie ou dans le Périgord, vous aurez peut-être la chance et le bonheur de goûter à ces fabuleux champignons dont les porcs sont si friands : les Truffes blanches (*Tuber magnatum*) ou Truffes noires (*Tuber melanosporum*). Il semblerait que ces champignons soient si parfumés qu'il suffit d'en placer un seul parmi une douzaine d'œufs pour que tous les œufs prennent sa saveur et son parfum.

Il existe un Musée de la Truffe et une Confrérie de la Truffe Noire, créées en 1982 à Saint-Restitut dans la Drôme, qui comptent plus de 250 membres. Plusieurs fêtes populaires célèbrent ce fameux champignon qu'est la Truffe Noire. Les Truffes valent très cher et tout comme on a déjà remplacé du sirop d'érable par de l'huile à moteur, les Truffes font partie d'un commerce illicite. Elles sont parfois garnies de petits cailloux ou de plomb pour augmenter leur poids. Des boules de charbon ou de cyprès plombées, retouchées avec de la terre humide et roulées dans du sable teint, peuvent remplacer les Truffes. Lorsque les Truffes sont vendues en conserve ou congelées, les tromperies sont encore plus nombreuses. Des rondelles de carottes, des pommes de terres à chair violet foncé, des olives, des betteraves sont colorées et parfumées pour se déguiser en Truffes. Du fromage noirci au charbon de bois et parfumé sert de substitut de pâte de Truffes. C'est pourquoi je doute sérieusement des produits appelés « Truffes » que l'on retrouve au Québec.

Dans les forêts québécoises, il pousse trois champignons souterrains de la famille des Truffes qui sont malheureusement coriaces et immangeables : la Truffe du cerf muriquée (*Elaphomyces muricatus*), la Truffe du cerf (*Elaphomyces granulatus*) et la Fausse Truffe de Tulasne (*Hydnotrya tulasnei*).

Recettes
et
conservation

Recettes de base

Souvenez-vous que plus la recette est simple,
mieux on goûte les champignons.

Les omelettes

L'omelette connaît toujours un succès lorsqu'elle est préparée avec des champignons frais ou séchés. C'est une bonne façon d'apprêter une nouvelle trouvaille pour en explorer toute la saveur. Œufs, champignons, sel et poivre forment la base de la recette d'une omelette. Ensuite, laissez aller votre imagination !

Les pâtes

La seule chose à ne pas faire avec les pâtes : ajouter votre récolte de champignons à une sauce à spaghetti à la viande épaisse, car vous perdrez toute leur saveur délicate. Les sauces blanches ou rosées sont préférables. Les sauces aux tomates peu assaisonnées constituent aussi un choix acceptable pour les champignons.

Les recettes

Croûtes aux champignons

Achetez un bon pain croûté et coupez-le en tranches que vous ferez griller légèrement. Faites rôtir vos champignons frais ou faites tremper vos champignons séchés dans du lait tiède. Préparez une béchamel (en utilisant le lait tiède et les champignons). Garnissez vos tranches de pain de béchamel et couvrez-les de fromage. Placez le pain au four pour faire griller le fromage.

Variation

- Utilisez des jaunes d'œufs au lieu de la farine pour épaissir votre sauce. Il faut absolument éviter que la sauce chauffe trop rapidement sinon des grumeaux se formeront. Cette méthode est plus complexe, mais le résultat est plus savoureux.

- Garnissez des crêpes avec la béchamel aux champignons. Roulez-les et saupoudrez-les de fromage. Placez-les au four quelques minutes et dégustez !

Entrée d'huîtres aux Cèpes

12 huîtres fraîches
1 pincée de Cèpes séchés (1 ou 2 g suffisent, car les Cèpes sont très parfumés)

Lavez les huîtres et ouvrez-les en prenant soin de conserver leur jus. Gardez la partie la plus creuse de chaque coquille. Ajoutez une pincée de Cèpes et laissez macérer entre trois et quatre heures. Si vous les laissez macérer toute la nuit, vous obtiendrez de meilleurs résultats. Remettez chacune des huîtres dans sa coquille avec un peu de jus et dégustez. Servez les huîtres très froides.

Consommé de bœuf aux Cèpes

1 boîte de consommé de bœuf
1/4 de tasse de Cèpes séchés

Suivez les indications sur la boîte de consommé et ajoutez-y les Cèpes. Laissez mijoter au moins une demi-heure et servez.

Variation

• Ajoutez une demi-enveloppe de gélatine sans saveur à 1/2 tasse de consommé aux Cèpes. Laissez refroidir et mangez avec du pain.

Si vous avez plus de temps, vous pouvez préparer ce consommé seulement avec de l'eau, un peu d'échalote, des Cèpes, du sel et du poivre. Pour environ un litre d'eau, ajoutez 1/2 tasse de champignons séchés, une ou deux échalotes, du sel et du poivre. Laissez l'eau s'évaporer d'au moins la moitié. Ce bouillon peut être consommé tel quel ou être servi avec de la crème.

Gelée de porc aux Marasmes d'Oréade

Déglacez le fond d'un rôti de porc. Ajoutez les Marasmes d'Oréade séchés ou frais. Ajoutez une enveloppe de gélatine neutre diluée dans un peu d'eau chaude. Ajoutez aux champignons et au jus de rôti. Réfrigérez. Mangez avec du pain.

Camembert chaud aux Cèpes de Bordeaux

De préférence, préparez ce mets la veille ou quelques heures avant de le servir pour que le fromage prenne la saveur et le parfum des champignons. Coupez le fromage en deux et, à l'aide d'un tamis, saupoudrez de champignons séchés en poudre. (En mettant vos champignons séchés dans le tamis, seule la poudre passera à travers. Si aucune poudre n'est produite, passez les champignons séchés au mélangeur électrique.) Enrobez tout le fromage de champignons séchés. Chauffez au four à feu doux pour faire fondre un peu le fromage sans qu'il ne coule quand on le coupe.

Champignons salés

Utilisez trois portions de sel pour une portion de champignons. Nettoyez bien les champignons et coupez-les en gros morceaux. Dans un pot en vitre propre, alternez un étage de gros sel et un étage de champignons. Attendez entre trois et quatre heures et le volume des champignons diminuera. Ajoutez d'autres champignons et du sel. Se conserve dans un endroit frais pendant environ un an. Cette recette est populaire en Union Soviétique ; elle élimine la formation de bactéries en plaçant les champignons dans du gros sel. Avant d'utiliser les champignons, faites-les tremper dans beaucoup d'eau froide pour en extraire le sel. Ensuite, ajoutez-les aux viandes cuites : bœuf, porc, poulet, agneau, etc.

Champignons dans l'huile

Excellente recette pour tous les champignons à chair ferme. Les espèces qui ont moins de saveur peuvent être plus assaisonnées (Armillaire couleur de miel, Chanterelles, Lactaires délicieux, Armillaires ventrus).

1 tasse de vinaigre de vin blanc
1 litre d'eau
les champignons de votre récolte
huile d'olive ou de tournesol
vos fines herbes préférées
sel, poivre

Laissez tremper les fines herbes dans l'eau chaude et le vinaigre pendant environ 15 minutes. Faites bouillir le tout pendant 10 minutes et ajoutez-y les champignons. Asséchez bien les champignons et placez-les dans des pots stérilisés. Couvrez d'huile. L'huile prendra la saveur des champignons et pourra être utilisée dans des vinaigrettes, sur des pâtes ou pour cuisiner. On peut varier le goût en changeant la sorte de vinaigre et d'huile. Se garde environ un an dans un endroit frais

Beurre aux champignons

1 livre (455 g) de champignons frais qui se conservent bien dans du beurre (Bolet Cèpe, Cèpe des pins, Morille, Chanterelle, Lactaire délicieux)
1/2 livre (225 g) de beurre non salé

Nettoyez bien les champignons et coupez-les en petits morceaux. Dans un peu d'huile ou de beurre, faites revenir les champignons et laissez-les mijoter dans leur jus de deux à trois minutes. Laissez refroidir. Mélangez le beurre ramolli et les champignons, placez le tout dans du papier ciré et roulez.

Réfrigérez. Utilisez sur des nouilles, avec des viandes ou du poisson, dans les viandes et les sauces. Se garde environ un an.

Du jambon, de la mortadelle et des patates

Le premier été après la naissance de ma fille Chloé, j'ai eu la brillante idée de louer un chalet dans le Nord. Nous demeurions à Val-David mais bon, il y a toujours un endroit au nord du Nord, n'est-ce pas ? Nous partons donc, ma fille de 7 mois, son père et moi. Un ami nous fit un très bon prix pour un petit chalet situé au bord d'un lac. Pour s'y rendre, nous devions marcher près d'un kilomètre dans le bois. Ensuite, il nous fallait une chaloupe pour transporter les bagages. Tout ce qu'il y a de plus charmant, quoi ! Le chalet disposait d'une pompe à eau et d'un éclairage au gaz. Nous avions accès à une toilette sèche assez loin dans le bois ; en tout cas, elle semblait loin quand il faisait noir et qu'il pleuvait ! Derrière le chalet s'étalait une forêt sauvage d'où émanaient d'étranges sons, surtout la nuit. Malgré le prix très abordable de ce petit coin de rêve, une fois qu'il fut payé, il nous restait à peine assez d'argent pour mettre de l'essence dans la voiture et s'y rendre. De plus, il fallait bien manger ! Puisque le bébé était allaité, il restait à trouver de quoi nourrir mon conjoint et moi-même.

À l'épicerie, nous achetons un jambon, des pommes de terre, des fèves au lard et un pain. Pour varier le menu, et du même coup économiser, j'ai choisi un énorme morceau de mortadelle à prix réduit. Nous sommes partis en soirée en pensant que notre petit ange dormirait pendant le voyage qui devait durer près d'une heure. Comme je conduisais et que je ne pouvais lui donner le sein (Édouard n'avait pas renouvelé son permis de conduire), Chloé a pleuré tout le long du trajet. Entre-temps, la pluie s'est mise

de la partie. Finalement, nous arrivons à destination. Une fois installés, nous préparons notre premier repas. Rien de compliqué : des fèves au lard et de la mortadelle grillée. Au cours des premiers jours, les repas composés de jambon, pommes de terre, mortadelle et fèves au lard étaient appréciés. Après quelque temps, malgré tous nos efforts pour imaginer une nouvelle façon d'apprêter ces aliments, nous ne pouvions plus les supporter : jambon et mortadelle chauds, froids, bouillis, grillés, sautés ou en sandwich, pour le déjeuner, au dîner et au souper, avec des pommes de terre chaudes, froides, bouillies, grillées, sautées, etc.

Il avait beaucoup plu jusqu'à maintenant et grâce à notre petite radio à piles, nous écoutions les nouvelles pour savoir ce qui se passait au Saguenay (c'était au temps des déluges) en espérant que notre petit chalet, juché sur la falaise, était solidement bâti. Enfin le soleil se leva sur une première journée de beau temps ; je décide d'aller explorer la forêt et peut-être trouver quelques champignons pour varier notre menu. Le bois, très accidenté, est difficile d'accès mais je réussis à trouver, dans un sentier escarpé qui bordait le lac, une talle de Chanterelles. En revenant par un autre chemin, dans un coin feuillu et humide, j'aperçois des Lactaires délicieux et une talle de catherinettes, petits fruits rouges qui poussent près du sol et qui ressemblent aux framboises. J'en trouve une assez grande quantité pour remplir mon panier, ce qui est rare. Près du chalet, sous les gros pins, je cueille plusieurs Bolets. Laissez-moi vous dire que nous nous sommes régalés ce soir-là d'un délicieux spaghetti aux champignons et, pour dessert, de confiture de catherinettes. Quel festin après une semaine de mortadelle ! Chaque jour, je trouvais de nouveaux champignons et des petits fruits. Nous avons même pu recevoir des amis à souper ! Après tout, des pâtes, des champignons sauvages, des catherinettes et des framboises, c'est le grand luxe ! Nos amis ont fourni le vin et la crème et nous avons passé une agréable soirée. Ma petite famille et moi ne sommes jamais retournés dans ce petit paradis, mais nous rions bien de cette aventure aujourd'hui et nous gardons un beau souvenir de ces bons repas que nous a offerts la nature.

Les méthodes de conservation

Le séchage

Le secret du séchage des champignons est dans la source de ventilation et non dans la source de chaleur. Lors de mes premiers essais de séchage, je plaçais les champignons au four, et les résultats ont été plutôt décevants. Les champignons collaient à la plaque et devenaient mous et liquides. Nettoyez donc bien les champignons et coupez-les en tranches minces. Placez-les sur une moustiquaire devant un ventilateur pour permettre à l'air de circuler librement. De temps en temps, retournez les champignons et retirez-les au fur et à mesure qu'ils sont séchés. Le procédé de séchage prend entre 12 et 24 heures. Terminez l'opération en plaçant les champignons au four à 50 °C (100 °F) pendant environ une demi-heure pour qu'ils soient secs et cassants. Assurez-vous qu'il ne reste aucune humidité dans les champignons et gardez-les bien au sec, sinon vous aurez des surprises. Si vous avez un déshydrateur, c'est aussi une bonne méthode de séchage, mais vos récoltes seront peut-être trop grosses pour le volume que peut contenir votre appareil.

La congélation

Faites bouillir de l'eau avec 5 ml (une cuillérée à thé) de sel. Faites blanchir les champignons environ trois minutes et retirez-les de l'eau. Placez les champignons sur un papier absorbant et asséchez-les. Congelez-les sur une tôle pendant environ 30 à 40 minutes avant de les mettre dans un sac. Scellez le sac et remettez-le au congélateur. Se conserve environ six mois.

Table des illustrations

Bibliographie

AMMIRATI, Joseph F., James A. TRAQUAIR et Paul A. HORGEN. *Champignons vénéneux et nocifs du Canada*, Édition Marcel Broquet, Ottawa, 1986.

HUART, François. *Cultivez vos champignons*, Éditions de Mortagne, Boucherville, 2001, 279 p.

HUDLER, George W. *Magical mushroom, Mischievous molds*, Princeton University Press, Princeton, 1998.

LINCOFF, Gary. National Audubon Society Field *Guide to North American Mushrooms*, Alfred A. Knopf Inc., New York, 1981.

LOCQUIN, Marcel, et Bengt CORTIN. *Champignons comestibles et vénéneux*, Fernand Nathan, Paris, 156 p.

POMERLEAU, René. *Champignons de l'Est du Canada et des États-Unis*, Les Éditions Chanteclerc, Montréal, 1951, 302 p.

POMERLEAU, René. *Flore des champignons au Québec et régions limitrophes*, Les Éditions La Presse, Montréal, 1980, 652 p.

POMERLEAU, René. *Guide pratique des principaux champignons du Québec*, Les Éditions La Presse, 1982, 201 p.

SANFAÇON, Guy. « Champignons sauvages : attirants mais possiblement dangereux ! », Bulletin d'information toxicologique, vol. 13, n° 4, octobre 1997. (www.ctq.qc.ca/oct97clin.html)

SCHAECHTER, Elio, et Moselio SCHAECHTER. *In the Company of Mushrooms : A Biologist's Tale*, Harvard University Press, 1997, 280 p.

« Le plus grand organisme vivant du monde – Un champignon de 5 kilomètres de longueur », *Le Journal de Montréal*, 2 août 2000.

« Guide des champignons », « Petite histoire de la mycologie », « Les champignons sont-ils des plantes ? », *Sélection du Reader's Digest*, 1982, p.8-14.

« Guide des champignons », *Sélection du Reader's Digest*, Paris, 1982, p.11.

« Gyromitre : Attention ! Danger ! », *La Presse*, 12 mai 2001, Cahier J.

« Polaroïd », *L'Actualité*, 1er septembre 1998.

Sites Internet

L'Étape inc.
www.etape.qc.ca/drogues/champignons.htm

Association médicale canadienne
http://mdm.ca/cmaj/vol-157/issue-4/0432.htm

Biodiversité des champignons mycorhiziens
http://res2.agr.ca/ecorc/fr/mycorhiz/bio_solf.htm

Bulletin d'information toxicologique, vol. 15, n° 3, juillet 1999
http://.invs.sante.fr/beh/1999/9930/index.html

Blanc de lait   Blanc   Beige ou bis   Ivoire   Blanchâtre sordide

Alutacé   Ambre   Chamois   Café au lait Isabelle   Vireux

Vitellin   Glauque   Opalin   Bai   Carné

Vermillon   Fauve   Rouille   Pourpre   Rutilant

Tan   Testacé brique   Vineux   Argilacé   Bistre

Fuscescent   Noir olivâtre   Vert olive   Fuligineux   Lilacin

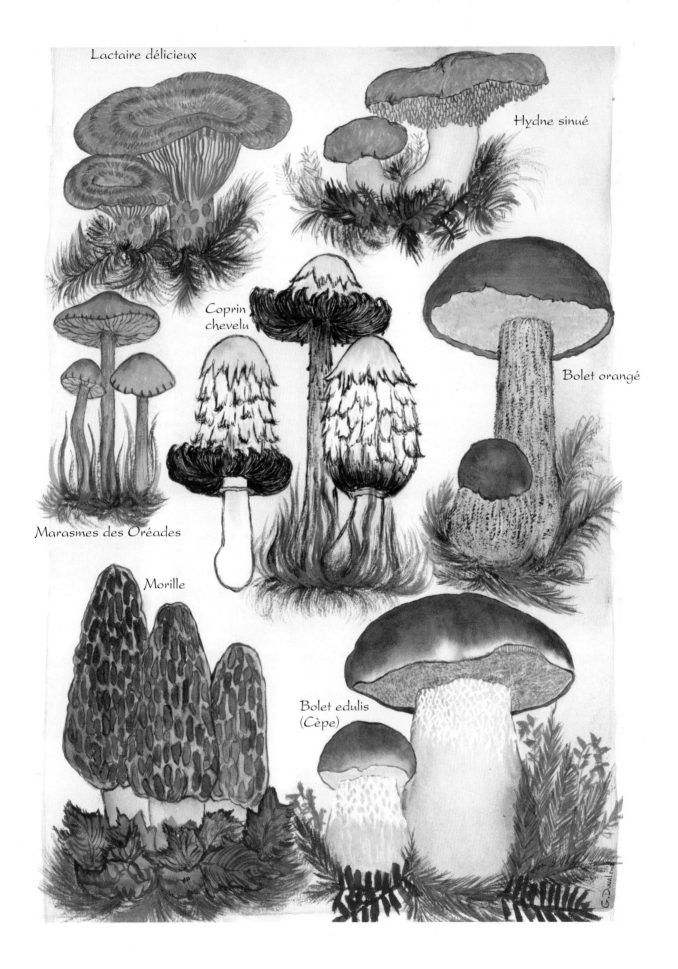

Lactaire délicieux

Hydne sinué

Coprin
chevelu

Bolet orangé

Marasmes des Oréades

Morille

Bolet edulis
(Cèpe)

G.Duval

Chanterelle ombonée

Chanterelle trompette

Chanterelle orangée

Chanterelle à flocons

Chanterelle claviforme

Craterelle

Chanterelle ciboire

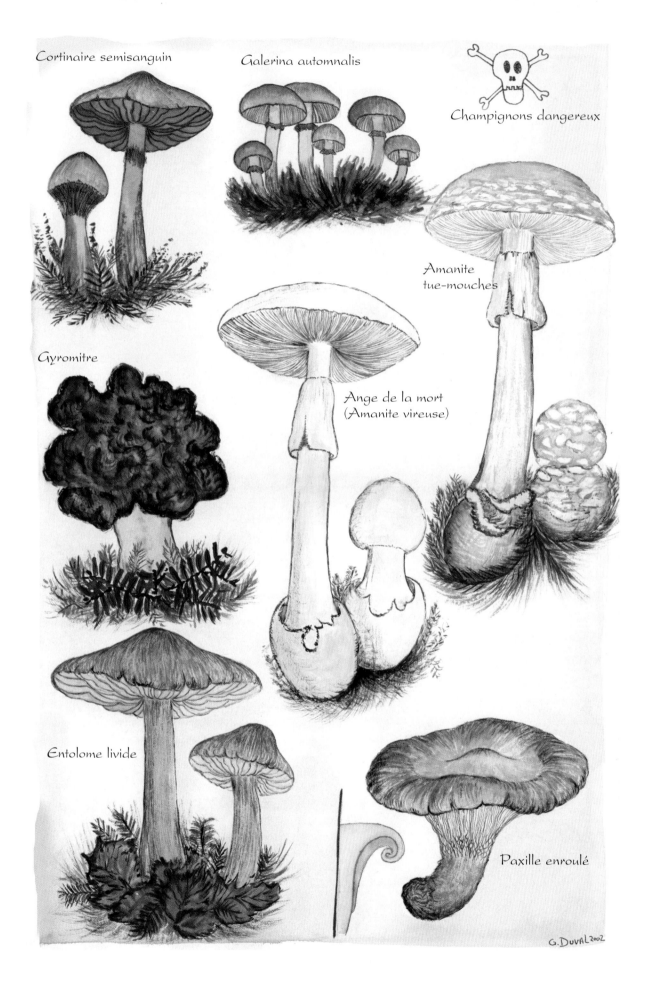

Cortinaire semisanguin

Galerina automnalis

Champignons dangereux

Amanite
tue-mouches

Gyromitre

Ange de la mort
(Amanite vireuse)

Entolome livide

Paxille enroulé

G. Duval 2002

Amanite frostiana
non comestible

Amanite brunissante
non comestible

Amanite porphire
non comestible

Panéoles à marge dentée
non comestible

Morille
comestible

Armillaire couleur de miel
comestible

Cortinaire blanc violet
comestible médiocre

Russule

non comestible